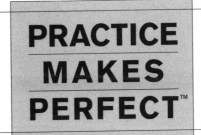

PRACTICE
MAKES
PERFECT™

The French Subjunctive
Up Close

OTTAWA PUBLIC LIBRARY
BIBLIOTHEQUE PUBLIQUE D'OTTAWA

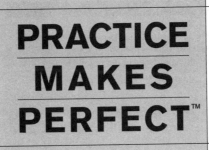

PRACTICE MAKES PERFECT™

The French Subjunctive *Up Close*

Annie Heminway

McGraw
Hill

New York Chicago San Francisco Lisbon London Madrid Mexico City
Milan New Delhi San Juan Seoul Singapore Sydney Toronto

The McGraw·Hill Companies

Copyright © 2012 by The McGraw-Hill Companies, Inc. All rights reserved. Printed in the United States of America. Except as permitted under the United States Copyright Act of 1976, no part of this publication may be reproduced or distributed in any form or by any means, or stored in a database or retrieval system, without the prior written permission of the publisher.

1 2 3 4 5 6 7 8 9 10 11 12 13 14 15 16 17 QFR/QFR 1 9 8 7 6 5 4 3 2 1

ISBN   978-0-07-175400-2
MHID   0-07-175400-8

e-ISBN   978-0-07-175401-9
e-MHID   0-07-175401-6

Library of Congress Control Number 2011922811

Trademarks: McGraw-Hill, the McGraw-Hill Publishing logo, Practice Makes Perfect, and related trade dress are trademarks or registered trademarks of The McGraw-Hill Companies and/or its affiliates in the United States and other countries and may not be used without written permission. All other trademarks are the property of their respective owners. The McGraw-Hill Companies is not associated with any product or vendor mentioned in this book.

Interior design by Village Bookworks, Inc.

McGraw-Hill books are available at special quantity discounts to use as premiums and sales promotions or for use in corporate training programs. To contact a representative, please e-mail us at bulksales@mcgraw-hill.com.

This book is printed on acid-free paper.

Contents

Preface

Are you "subjunctophobic"? You are not alone! Whether or not "subjunctophobia" is a real word may be open to question, but the feeling it describes definitely exists and is one that many students of French experience. In fact, for some, even hearing the word *subjunctive* is enough to elicit an allergic reaction and to bring their study of French to a halt. Why should this be, and how can it be overcome?

This book will give you the answers. It will explore all aspects of the French subjunctive—what it is, when and how it is used, and why it is important to learn it. Rather than making it unduly complicated, even mysterious, the book will present the subjunctive in a logical manner, giving the rules to be followed and the conjunctions and impersonal expressions to be learned. More important, it will provide many concrete examples and exercises designed to raise your comfort level with a concept you already know.

That's right: the subjunctive mode is not unique to French. It exists in many languages, including English. *Be that as it may* and *it is important that we be clear about this*: without the subjunctive, we would not be able to express ourselves as fully or with as much nuance. Perhaps you are thinking: "*I just wish it were easier to use!*" Well, it is not that difficult to master. In fact, as you work your way through the examples and exercises in this book, you may find that your subjunctophobia has vanished.

Achieving this goal may be easier than you think. The italicized phrases above are all examples of the subjunctive in English. Like Monsieur Jourdain in Molière's *Le Bourgeois gentilhomme*, who learns from his philosophy teacher that he has been "speaking prose for more than forty years without knowing it" (**Il y a plus de quarante ans que je dis de la prose sans que j'en susse rien**), you have been using it all your English-speaking life without even realizing it. This book aims to give you the same level of comfort when you use it in French.

That is why it is important that you start today! (Yes, the subjunctive one more time!)

Verbs conjugated in the subjunctive make up a wonderful and captivating tribe, rich in mysteries, nuances, and conundrums, a wandering tribe whose home is everywhere, which means that no realm, in the continuum from absolute certainty to total nebulosity, will remain closed to it. The subjunctive is like music, which the German philosopher Leibniz defined as a "secret arithmetic unknowingly practiced by the soul."

Indeed, grammatical rules, which strive to grasp the calculus of language, may, like Ariadne's thread, lead us through the labyrinth of language. But there is a moment when, leaving all the rules behind, we must simply approach the subjunctive as music understood intuitively. Since language, with its boundless, unpredictable creative potential, truly constitutes a portal to the infinite, intuition may be our fundamental key to linguistic knowledge.

But how, you may ask, does one cultivate intuition, an elusive, even mysterious, talent? The answer is that lucid, attentive reading and a systematic examination of the examples I will provide will awaken and strengthen your intuitive powers by allowing you to unconsciously grasp the multiform landscape of the subjunctive in the twilit realm that lies behind the domain of grammatical rules. Let us embark on our adventure!

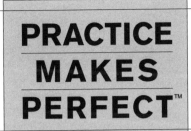

PRACTICE MAKES PERFECT™

The French Subjunctive
Up Close

It's just the beginning

The **subjonctif présent** and the **subjonctif passé**

There are four tenses in the subjunctive: the **subjonctif présent**, the **subjonctif passé**, the **subjonctif imparfait**, and the **subjonctif plus-que-parfait**. Only the first two tenses are used in everyday speech. We'll look at the other two later in the book. The **subjonctif** is a *mood*, a state of mind, not a tense. Whereas the indicative mood states objective facts, the subjunctive often refers to the realm of hypothesis.

Subjunctive comes from the Latin *subjunctivus*, meaning "attached under." It implies a relation of dependence and expresses psychological tension—will, feeling—and subjectivity—doubt, belief, excitement, desire, inspiration, suspicion, exhortation, enthusiasm, amazement, indecision, ambivalence, despair, indignation, joy, anger, uncertainty, and potentiality.

The **subjonctif présent**

For most verbs, the present of the subjunctive is formed by adding the subjunctive endings (-**e**, -**es**, -**e**, -**ions**, -**iez**, -**ent**) to the stem. The stem for **je**, **tu**, **il**, **elle**, **ils**, and **elles** is found by dropping the -**ent** ending from the *third person plural present indicative* form. Note that the sound of the conjugated verb form for these subject pronouns is the same. For regular -**er** verbs, the **je**, **tu**, **il**, **elle**, **ils**, and **elles** indicative forms are the same in the present subjunctive. This is one of the reasons why the spelling of the subjunctive is not a huge challenge for the learner: structural similarities do facilitate the learning process.

-er verbs

Let's look at the verb **marcher** (*to walk*). The third person plural is **ils/elles marchent** and the stem **march-**:

je marche	*I walk*
tu marches	*you walk*
il/elle marche	*he/she walks*
ils/elles marchent	*they walk*

1

The stem for the **nous** and **vous** forms is found by dropping the -**ons** from the first person plural form of the present indicative. For **nous** and **vous**, the present subjunctive forms are identical to the **imparfait**. The first person plural is **nous marchions**, since the stem is **march**-:

nous marchions	*we walk*	
vous marchiez	*you walk*	

Now, let's conjugate the verb **travailler** (*to work*) in the **subjonctif présent**:

je travaille	*I work*	**nous travaillions**	*we work*
tu travailles	*you work*	**vous travailliez**	*you work*
il/elle travaille	*he/she works*	**ils/elles travaillent**	*they work*

Reflexive verbs should be no problem, as long as we know their endings:

se dépêcher (*to hurry*)

je me dépêche	*I hurry*	**nous nous dépêchions**	*we hurry*
tu te dépêches	*you hurry*	**vous vous dépêchiez**	*you hurry*
il/elle se dépêche	*he/she hurries*	**ils/elles se dépêchent**	*they hurry*

The spelling change verbs in -**er** with a change of accent in the indicative follow the same pattern in the subjunctive:

posséder (*to own*)

je possède	*I own*	**nous possédions**	*we own*
tu possèdes	*you own*	**vous possédiez**	*you own*
il/elle possède	*he/she owns*	**ils/elles possèdent**	*they own*

Be careful with the spelling of verbs in -**ier** such as **crier** and verbs in -**yer** such as **employer**. Verbs ending in -**ier**, such as **crier**, are particularly tricky, as their **nous** and **vous** forms require a double **i**, which does look a bit strange at first.

crier (*to shout*)

je crie	*I shout*	**nous criions**	*we shout*
tu cries	*you shout*	**vous criiez**	*you shout*
il/elle crie	*he/she shouts*	**ils/elles crient**	*they shout*

employer (*to employ; to use*)

j'emploie	*I employ*	**nous employions**	*we employ*
tu emploies	*you employ*	**vous employiez**	*you employ*
il/elle emploie	*he/she employs*	**ils/elles emploient**	*they employ*

Verbs ending in -re and -ir

Verbs in **-re** and **-ir**, which are sometimes irregular in the indicative, are regular in the **subjonctif présent**. They follow the same pattern, taking the -e, -es, -e, -ions, -iez, and -ent endings.

perdre (to lose)

je perde	*I lose*	**nous perdions**	*we lose*
tu perdes	*you lose*	**vous perdiez**	*you lose*
il/elle perde	*he/she loses*	**ils/elles perdent**	*they lose*

lire (to read)

je lise	*I read*	**nous lisions**	*we read*
tu lises	*you read*	**vous lisiez**	*you read*
il/elle lise	*he/she reads*	**ils/elles lisent**	*they read*

prendre (to take)

je prenne	*I take*	**nous prenions**	*we take*
tu prennes	*you take*	**vous preniez**	*you take*
il/elle prenne	*he/she takes*	**ils/elles prennent**	*they take*

cueillir (to pick)

je cueille	*I pick*	**nous cueillions**	*we pick*
tu cueilles	*you pick*	**vous cueilliez**	*you pick*
il/elle cueille	*he/she picks*	**ils/elles cueillent**	*they pick*

dormir (to sleep)

je dorme	*I sleep*	**nous dormions**	*we sleep*
tu dormes	*you sleep*	**vous dormiez**	*you sleep*
il/elle dorme	*he/she sleeps*	**ils/elles dorment**	*they sleep*

finir (to finish)

je finisse	*I finish*	**nous finissions**	*we finish*
tu finisses	*you finish*	**vous finissiez**	*you finish*
il/elle finisse	*he/she finishes*	**ils/elles finissent**	*they finish*

EXERCICE

1·1

Mettre les verbes au subjonctif présent.

1. comprendre (nous) _____

2. écrire (vous) _____

3. choisir (tu) _____

4. parler (nous) _____

5. dire (elle) _____

6. finir (nous) _____

7. douter (vous) _____

8. manger (ils) _____

9. répondre (nous) _____

10. relire (je) _____

11. dormir (tu) _____

12. employer (vous) _____

13. prendre (tu) _____

14. rester (nous) _____

15. cueillir (vous) _____

16. nettoyer (nous) _____

17. s'écrire (nous) _____

18. apprendre (je) _____

19. balayer (vous) _____

20. étudier (nous) _____

Irregular verbs

Some verbs have irregular forms in the subjunctive. The most common are **être** (*to be*) and **avoir** (*to have*); both have irregular stems and endings.

être (*to be*)

je sois	*I am*	**nous soyons**	*we are*
tu sois	*you are*	**vous soyez**	*you are*
il/elle soit	*he/she is*	**ils/elles soient**	*they are*

avoir (to have)

j'aie	*I have*	**nous ayons**	*we have*
tu aies	*you have*	**vous ayez**	*you have*
il/elle ait	*he/she has*	**ils/elles aient**	*they have*

The following three verbs have an irregular subjunctive stem throughout (**puiss-**, **sach-**, and **fass-**), but their endings are all regular:

pouvoir (can, to be able to)

je puisse	*I can*	**nous puissions**	*we can*
tu puisses	*you can*	**vous puissiez**	*you can*
il/elle puisse	*he/she can*	**ils/elles puissent**	*they can*

savoir (to know)

je sache	*I know*	**nous sachions**	*we know*
tu saches	*you know*	**vous sachiez**	*you know*
il/elle sache	*he/she knows*	**ils/elles sachent**	*they know*

faire (to do)

je fasse	*I do*	**nous fassions**	*we do*
tu fasses	*you do*	**vous fassiez**	*you do*
il/elle fasse	*he/she does*	**ils/elles fassent**	*they do*

The verbs **aller** and **vouloir** are partially irregular. They have irregular stems in some forms, but their **nous** and **vous** forms are conjugated like the **imparfait**.

aller (to go)

j'aille	*I go*	**nous allions**	*we go*
tu ailles	*you go*	**vous alliez**	*you go*
il/elle aille	*he/she goes*	**ils/elles aillent**	*they go*

vouloir (to want)

je veuille	*I want*	**nous voulions**	*we want*
tu veuilles	*you want*	**vous vouliez**	*you want*
il/elle veuille	*he/she wants*	**ils/elles veuillent**	*they want*

The subjunctives of **falloir** and **valoir** are, respectively, **faille** and **vaille**.

Croyez-vous qu'il **vaille** plus d'un milliard de dollars?	*Do you think he **is worth** more than a billion dollars?*
Je ne crois pas que cela en **vaille** la peine.	*I don't think it **is worth** the effort.*
Je ne crois pas qu'il nous **faille** approuver sa décision sans réserves.	*I don't think we **have to** unreservedly support his decision.*
Il ne croit pas qu'il **faille** changer cette politique.	*He does not think we **have to** change this policy.*

Mettre le verbe entre parenthèses au présent du subjonctif.

1. Je suis content que tu (faire) du yoga.

   _____

2. Elle est désolée que vous (ne pas vouloir) suivre le cours d'art dramatique.

   _____

3. Ils sont furieux que tu (être) en retard.

   _____

4. Il faut que tu y (aller).

   _____

5. Je doute qu'il (avoir) les moyens d'acheter cette voiture.

   _____

6. Nous souhaitons que vous (obtenir) ce poste.

   _____

7. Je doute qu'il (savoir) toute l'histoire.

   _____

8. Elle a peur que vous (ne pas être) prêt à l'heure.

   _____

9. Il faut qu'il (finir) sa thèse.

   _____

10. Il est indispensable que vous (savoir) ces conjugaisons.

    _____

The **subjonctif passé**

The past subjunctive is used in the same manner as the present subjunctive. However, the action of the dependent clause, where the subjunctive is found, is *anterior* to the action of the main clause, which determines the subjunctive. To form the past subjunctive, use the present subjunctive of **avoir** or **être** plus the past participle of the verb. The rules governing the verbs **avoir** and **être** in the past tense, such as the spelling of the past participle, apply to the subjunctive as well.

parler (*to speak*)

j'aie parlé	*I have spoken*	**nous ayons parlé**	*we have spoken*
tu aies parlé	*you have spoken*	**vous ayez parlé**	*you have spoken*
il/elle ait parlé	*he/she has spoken*	**ils/elles aient parlé**	*they have spoken*

rester (*to stay*)

je sois resté(e)	*I have stayed*	**nous soyons resté(e)s**	*we have stayed*
tu sois resté(e)	*you have stayed*	**vous soyez resté(e)s**	*you have stayed*
il/elle soit resté(e)	*he/she has stayed*	**ils/elles soient resté(e)s**	*they have stayed*

se réveiller (*to wake up*)

je me sois réveillé(e)	*I woke up*	**nous nous soyons réveillé(e)s**	*we woke up*
tu te sois réveillé(e)	*you woke up*	**vous vous soyez réveillé(e)s**	*you woke up*
il/elle se soit réveillé(e)	*he/she woke up*	**ils/elles se soient réveillé(e)s**	*they woke up*

Here are some examples:

Je doute qu'il **ait apporté** ses vêtements d'hiver.	*I doubt he **brought** his winter clothes.*
Nous regrettons que Lara ne **soit** pas **restée** plus longtemps.	*We are sorry Lara **did** not **stay** longer.*

EXERCICE

1·3

Mettre le verbe entre parenthèses au subjonctif passé.

1. Je suis surpris(e) que vous (voir) Pierre dans ce restaurant.

   _____

2. Elle craint qu'il y (avoir) un accident sur l'autoroute.

   _____

3. Il est dommage que tu (attraper) la grippe.

_____

4. Margot est contente que l'exposition vous (plaire).

_____

5. Je ne crois pas qu'ils (se reposer) cet après-midi.

_____

6. Tristan est ravi que tu (vouloir) être son témoin.

_____

7. Je suis tellement contente que tu (rencontrer) nos amis à Lille.

_____

8. Je doute qu'Adam (se réveiller) de bonne heure.

_____

9. Il est bizarre qu'ils (annuler) le rendez-vous.

_____

10. Elle ne croit pas qu'il (avoir) le temps d'écrire l'article.

_____

EXERCICE

1·4

Traduire les phrases en utilisant _vous_ si nécessaire.

1. I am happy you are in Paris.

_____

2. They doubt he can speak Italian.

_____

3. I don't think he understood the explanation.

_____

4. You have to arrive before 10 A.M.

_____

5. It is strange she wants to live in Marseille.

_____

6. We are happy you can stay until Friday.

_____

7. He is disappointed you forgot his birthday.

_____

8. I am surprised you want to be a dentist.

_____

9. They are delighted you can come on Sunday.

_____

10. I am happy you are getting married in August.

_____

Faire correspondre les colonnes en fonction du sens.

1. _____ Je suis contente   a. qu'il **fasse** trop froid pour le pique-nique.

2. _____ Il est étonné   b. que tu **passes** moins de temps devant la télé!

3. _____ Elle a peur   c. que tu **aies gagné** la course. Bravo!

4. _____ Il faut   d. son frère **n'ait** pas **pu** assister à la cérémonie.

5. _____ Elle regrette que   e. que vous **ayez refusé** son offre si alléchante.

It's just the beginning: The **subjonctif présent** and the **subjonctif**

I've got feelings

The subjunctive after certain expressions or verbs

We are going to study how the subjunctive works with three different types of expression.

The subjunctive after expressions of wishing, emotion, and doubt

We use the subjunctive to describe these three key mental states: *wish*, *emotion*, and *doubt*.

Wishes

The subjunctive is used after verbs expressing the notion of *wish*. Note it is used only when the subjects of the main and dependent clauses are *different*. If the subject of the main clause is the *same* as the subject of the dependent clause, you simply use the infinitive form of the verb. Look at the following examples:

Il veut **signer** un nouveau contrat.	*He wants **to sign** a new contract.*
Il veut que nous **signions** un nouveau contrat.	*He wants us **to sign** a new contract.*
Elle désire **restaurer** ce tableau.	*She wishes **to restore** this painting.*
Elle désire que vous **restauriez** ce tableau.	*She wants you **to restore** this painting.*
L'archéologue souhaite **poursuivre** les fouilles.	*The archeologist wishes **to continue** the excavation.*
L'archéologue souhaite que vous **poursuiviez** les fouilles.	*The archeologist wishes you **to continue** the excavation.*

Verbs such as **exiger que**, **ordonner que**, **tenir à ce que**, and **interdire que** can express the idea of will and desire:

Lucie **exige que** vous **assistiez** à la réunion.	*Lucie **insists that** you **attend** the meeting.*

11

Le capitaine **ordonne que** vous **hissiez** le drapeau.	*The captain **orders** you **to hoist** the flag.*
Je **tiens à ce que** vous **finissiez** le rapport d'ici lundi.	*I **insist** you **finish** this report by Monday.*
Le juge **interdit que** ces dossiers **soient divulgués** à la presse.	*The judge **does not allow** these files **to be disclosed** to the press (**to be accessed** by the press).*
Le juge **interdit l'accès** de ces dossiers aux journalistes.	*The judge **does not allow** the press **to access** these files.*

When you say or write a sentence that asks for the subjunctive, you are sometimes better off using a noun instead of a verb (if possible), thus avoiding use of the subjunctive. For example, in the French sentence immediately above, the verb + adjective **soient divulgués** is replaced by a noun, **accès**. Something similar can be done in English. Compare, for example, *she was unhappy that I arrived* to *she was upset by my arrival*. There are ways around the subjunctive. We'll explore these possibilities later in the book.

EXERCICE
2·1

Mettre les verbes entre parenthèses au subjonctif présent.

1. Alexis veut que vous le (rémunérer) mieux.

   _____

2. Nos voisins souhaitent que leur fille (aller) en France l'année prochaine.

   _____

3. Le patron exige que tu (être) à l'heure tous les jours.

   _____

4. Certains aimeraient que George Sand (être) au Panthéon.

   _____

5. Le roi veut que la mobilisation des troupes (être) annulée demain.

   _____

6. Manon demande que ce chef pâtissier (faire) son gâteau de mariage.

_____

7. Que voulez-vous que je vous (dire)?

_____

8. Le gouvernement a interdit que la manifestation (avoir lieu) devant l'Hôtel Matignon.

_____

9. J'interdis que vous et vos collaborateurs (prendre) la parole.

_____

10. Les membres du syndicat contestent qu'il (être) le meilleur candidat pour le poste.

_____

Emotion

The subjunctive is used after verbs expressing *emotion*, but only when the subjects of the main and dependent clauses are *different*. If the subject of the main clause is the *same* as the subject of the dependent clause, you simply use the infinitive. Look at the following examples:

Alexandre **est content de venir** vendredi.	Alexandre *is happy to come* on Friday.
Alexandre **est content que** son frère **vienne** jeudi.	Alexandre *is happy* his brother *is coming* on Thursday.
Ma tante **est triste de** ne pas **être** là.	My aunt *is sad not to be* there.
Ma tante **est triste que** nous ne **soyons** pas là.	My aunt *is sad that* we *are* not there.
Elle **est déçue de** ne pas **aller** à Lyon.	She *is disappointed she is not going* to Lyon.
Elle **est déçue que** son fils **n'aille pas** à Lyon.	She *is disappointed that* her son *isn't going* to Lyon.

Verbs such as **regretter que**, **être ravi(e) que**, **se réjouir que**, **être désolé(e) que** can express emotion:

Yan **regrette que** son meilleur ami **déménage** bientôt.

Yan *regrets (that)* his best friend *is moving* soon.

Nous **sommes ravis que** vous **puissiez** vous joindre à nous.

We are delighted you *can* join us.

Je **me réjouis que** vous **ayez décroché** ce poste.

I am delighted you *got* this position.

Tristan et Maxine **sont désolés que** vous **quittiez** Paris.

Tristan and Maxine *are sorry* you *are leaving* Paris.

EXERCICE
2·2

Mettre les verbes entre parenthèses au subjonctif présent.

1. Le patron est satisfait que vous (être) si efficace.

_____

2. Les écologistes déplorent que le ministre (prendre) toujours de mauvaises décisions.

_____

3. Elle sera désolée que tu (ne pas pouvoir) assister à son mariage.

_____

4. Le commerçant regrette que les confitures Hédiard (ne pas être) encore livrées.

_____

5. Il est tellement excité que le Cirque du Soleil (arrive) demain.

_____

6. Le maire de Toulouse se réjouit que sa ville (avoir) de plus en plus de touristes.

_____

7. Nous sommes ravis que Léa (savoir) enfin la vérité.

_____

8. Les ouvriers sont furieux que Michelin (fermer) leur usine.

_____

9. Il a peur qu'elle (ne plus se souvenir) des détails.

_____

10. Nous craignons que vous (refuser) leur offre.

_____

Doubt

The subjunctive is used after verbs expressing *doubt*. It is used only when the subjects of the main and dependent clause are *different*.

Il doute **pouvoir** le faire.	*He doubts he **can** do it.*
Il doute qu'il **puisse** vous aider.	*He doubts he **can** help you.*
Grégoire n'est pas convaincu qu'ils **soient** innocents.	*Grégoire is not convinced they **are** innocent.*
Existe-t-il une raison qui **puisse** justifier ses actes?	*Is there a reason that **can** justify his acts?*

However, *doubt* cannot be taken for granted; it needs to be analyzed. For example, I can be either adamant about my doubts, or I can allow the possibility that my doubt may not be justified.

Céleste doute que Loïc **sera** à la hauteur.	*Céleste doubts Loïc **will be** up to the task.*

Here Céleste is convinced that Loïc will not be up to the task.

Fabien ne doute pas que vous **ferez** votre possible pour l'aider.	*Fabien does not doubt you **will do** your best to help him.*
Il est incontestable que Paul **a participé** au hold-up.	*It is undeniable Paul **took part** in the hold-up.*

Fabien, on the other hand, has no doubts whatsoever; neither does the inspector, who is sure of Paul's guilt.

When do **croire** and **penser** use the indicative and when the subjunctive?

The verbs **penser** (*to think*) and **croire** (*to believe*) in the affirmative form are always followed by the indicative mood. However, in the *negative* and *interrogative* forms, the subjunctive is very often used to underline the uncertainty of the event.

Marie pense qu'il **a** raison.	*Marie thinks he **is** right.*
Clara croit qu'il y **a** un malentendu.	*Clara thinks there **is** a misunderstanding.*
Je ne pense pas que ce roman **soit** son meilleur.	*I don't think this novel **is** his best.*
Croyez-vous que le propriétaire du club **soit** un escroc?	*Do you think the club owner **is** a crook?*

If there is *no* doubt, use the *indicative* mood. The context, the gestures, or the intonation of the voice will help you determine the mood.

Le détective ne **croit** pas que ce suspect **est** l'homme qu'il recherche.	*The detective does not **think** this suspect **is** the man he is looking for.*
Le détective ne **croit** pas que ce suspect **soit** l'homme qu'il recherche.	*The detective does not **think** this suspect **is** the man he is looking for.*

In the first sentence above, the detective is sure he does *not* have the right suspect. In the second sentence, there is still some doubt; it could be his suspect.

Le jury ne croit pas que Lucas **est** innocent.	*The jury does not think Lucas **is** innocent.*
L'avocat ne croit pas que Lucas **soit** innocent.	*The lawyer does not think Lucas **is** innocent.*

In the first statement above, the jury is convinced that Lucas *is guilty*. In the second sentence, the lawyer still has some doubt about Lucas's guilt. Note that there is a margin of reflection before Lucas can be convicted. For some reason, things don't seem clear-cut. It is important to listen to this "voice" of doubt and uncertainty when you express your thoughts and feelings about someone or something, or if you're about to make an important personal or business decision.

In French, the smallest, even infinitesimal, uncertainty acts as a magnet for the subjunctive mood. If you imagine absolute certainty as an ocean of pure water, it sometimes only takes a drop of ink, representing uncertainty, to set the stage for the subjunctive.

Be aware that, in French, the negative is very often used, more than in English, to confirm the meaning of a statement. Instead of saying:

Ce jeune athlète **est** très beau.	*This young athlete **is** quite handsome.*

you may hear:

Ce jeune athlète, il **est pas mal**!	***Not bad**, this young athlete!*

Mettre les verbes entre parenthèses à l'indicatif ou au subjonctif présent.

1. Félicie ne croit pas que *Le Colonel Chabert* (être) à la bibliothèque.

   _____

2. Tristan sait que vous (travailler) pour ses concurrents.

   _____

3. Le Conseil d'administration ne tient pas à ce que nous (investir) notre argent ainsi.

   _____

4. Jacques croit que son ami Cédric (aller) en Europe l'été prochain.

   _____

5. Renaud pense que vous (manquer) d'objectivité.

   _____

6. Croyez-vous qu'il y (avoir) de l'espoir?

   _____

7. Je doute que vous (comprendre) la gravité de la situation.

   _____

8. Lilly est furieuse que ses collègues (aller) à Paris sans elle.

   _____

9. Il doute que ce (être) une erreur.

   _____

10. Ils ne sont pas convaincus que Catherine Aubry (pouvoir) résoudre le conflit.

   _____

Mettre les verbes entre parenthèses à l'indicatif ou au subjonctif présent.

1. Nous sommes ravis que vous (accepter) notre invitation.

_____

2. L'architecte aimerait que vous (approuver) son plan de construction.

_____

3. Elle doute que tu (pouvoir) terminer ta thèse d'ici la fin de l'année.

_____

4. Le préfet d'Arles a interdit que les corridas (avoir lieu).

_____

5. Pensez-vous qu'ils (être) capables de faire une telle chose?

_____

6. Elle ne croit pas que vous (avoir) les compétences requises.

_____

7. Je suis désolé que vous (souffrir) de rhumatismes.

_____

8. Célie est convaincue que leurs partenaires (signer) le contrat demain.

_____

9. J'ai peur qu'il (ne pas faire) ce qu'il faut.

_____

10. Nous pensons que Grégoire (être) le candidat idéal.

_____

Traduire les phrases en utilisant _tu_ si nécessaire.

1. Ophélie is happy you can study French with her.

   _____

2. They want you to sign the contract.

   _____

3. I don't think he is telling the truth.

   _____

4. The king demands that you write a song for him.

   _____

5. She does not approve of your smoking in the office.

   _____

6. I doubt he'll come tonight.

   _____

7. I would like you to cook for us tomorrow.

   _____

8. I think they are right.

   _____

9. I am afraid he knows too much.

   _____

10. Louis is disappointed that you will not be home for his birthday.

   _____

Faire correspondre les deux colonnes en fonction du sens.

1. _____ Crois-tu

2. _____ En admettant qu'il ait raison

3. _____ Mon voisin aimerait

4. _____ Elle tient

5. _____ Nous craignons

a. que mon chien fasse moins de bruit.

b. à ce que tu téléphones à ta grand-mère.

c. que l'usine ferme ses portes.

d. qu'elle soit propriétaire de ce terrain?

e. cela ne résoudra pas le problème.

Mettre les verbes entre parenthèses au subjonctif présent.

1. Les membres du comité envisagent que M. Benoît (se joindre) à eux.

_____

2. Avez-vous envie que tout le monde (se moquer) de vous?

_____

3. Je rêve qu'un jour Louis (être) élu président.

_____

4. Il a honte que ses copains (se comporter) si mal envers Gabriel.

_____

5. Je veux bien que vous (participer) au concours.

_____

6. Yanis est malheureux que tous ses copains (aller) en pension l'année prochaine.

_____

7. Amélie est choquée qu'on (ne rien faire) pour résoudre le problème.

_____

8. Les entreprises exigent de plus en plus que les ouvriers (être) performants.

_____

9. Il est dégoûté que les journalistes (ne jamais révéler) toute la vérité.

_____

10. Nous sommes indignés que ce ministre (pouvoir) toujours faire de telles déclarations.

_____

Mettre les verbes entre parenthèses au subjonctif passé.

1. Ludovic est content que l'entreprise (approuver) sa proposition.

_____

2. Je crains qu'ils (attraper) un rhume.

_____

3. Nous doutons que vous (réussir) à le convaincre.

_____

4. Elle ne croit pas qu'il (pouvoir) commettre une telle erreur.

_____

5. Les électeurs déplorent que le président (poser) son veto sur cette loi.

_____

6. Les enfants sont déçus que vous (ne pas apporter) de cadeaux.

_____

7. Je doute que vous (investir) toute votre énergie.

_____

8. Le public est scandalisé que le directeur de Radio France (annuler) cette émission.

_____

9. Nous ne sommes pas convaincus que tu (résoudre) le problème.

_____

10. Félicie regrette que son psychanalyste (quitter) Paris.

_____

Moody blues

Verbs with minds of their own

French is full of exceptions. That's one reason it's so much fun! You will always need to analyze the intention and the nuances as you decide between the indicative and the subjunctive. This chapter is probably the most difficult, but it is important to get a sense of the subtleties right from the beginning. After that, everything will be much easier.

Temperamental verbs

Verbs such as **décider, arrêter, décréter, juger,** and **conclure** express an idea of will, but they are followed by the *indicative* if they express a set decision. The tenses of the indicative may vary according to the meaning.

Le président a décidé que ses ministres **seront** (**seraient**) tous présents dimanche.	*The president has decided his ministers **should** all **be** present on Sunday.*
Le chirurgien a décidé que la patiente **pourra** (**pourrait**) rentrer chez elle demain.	*The surgeon has decided the patient **could** go home tomorrow.*
Il juge que vous **devez** démissionner.	*He thinks you **must** resign.*
Comment ce psychanalyste a-t-il conclu que cet artiste **était** schizophrène?	*How did this psychoanalyst determine this artist **was** schizophrenic?*
Le dictateur a décrété qu'il **sera** (**serait**) président à vie.	*The dictator has declared he **would be** president for life.*

However, verbal expressions such as **être décidé** and **être disposé** are followed by the *subjunctive*:

Tanguy est bien décidé à ce qu'elle **parte**.	*Tanguy has decided that she **must leave**.*
Je suis bien décidée à ce qu'elle ne **remette** jamais plus les pieds ici!	*It is my decision she **may** never **set** foot here again!*

Je ne suis pas disposé à ce qu'il **ait** accès à nos données.	I am not willing to let him **have** access to our data.
Nous sommes entièrement disposés à ce qu'elle **prenne le relais**.	We are quite willing to let her **take over**.

Some verbs denoting judgment, criticism, or approval may use the indicative *or* the subjunctive, depending on the general meaning, as well as on the form, which can be affirmative, negative, or interrogative. Let's look at **nier**, **contester**, **s'opposer**, **approuver**, and **admettre**.

Nier varies according to the context:

L'accusé nie qu'il **ait cambriolé** la bijouterie.	The defendant denies he **burglarized** the jewelry store. (There is still some doubt.)
L'accusé nie qu'il **a cambriolé** la bijouterie.	The defendant denies he **burglarized** the jewelry store. (He is lying.)
Nous ne nions pas qu'elle **a** des qualités.	We do not deny she **has** some good qualities. (We are sure of it.)

Contester generally requires the subjunctive:

L'avocat conteste que vous **ayez fait** le nécessaire.	The lawyer challenges your claim that you **did** what was necessary.
Sandrine ne conteste pas que vous **ayez** raison.	Sandrine does not dispute (the fact) that you **are** right.
Conteste-t-il qu'il **ait volé** la moto?	Does he dispute the fact he **stole** the motorcycle?

However, in certain cases the indicative works with **contester**:

Je ne conteste pas qu'il **était** sur les lieux du crime.	I do not dispute (the fact) he **was** at the crime scene. (He was there!)

S'opposer à is followed by the subjunctive:

Julien s'oppose à ce que vous y **alliez** seul.	Julien is against your **going** there alone.
Vous opposez-vous à ce que nous **engagions** Claire?	Are you opposed to our **hiring** Claire?
Je ne m'oppose pas à ce que tu lui **dises** la vérité.	I am not against your **telling** him the truth.

Approuver, too, is followed by the subjunctive:

Le maire approuve que vous **alliez** à Strasbourg.	The mayor approves of your **going** to Strasbourg.

Nous n'approuvons pas qu'il **ait** tant de privilèges.	*We don't approve of his **having** so many privileges.*
Approuveriez-vous qu'elle **soit** élue?	*Would you approve of her **being** elected?*
Je n'approuve pas qu'il **claque** tant de fric.	*I don't approve of his **blowing** so much cash.*

With verbs like **approuver** it is often preferable to use the nominal form (i.e., a noun). For example, instead of:

Nous approuvons qu'ils **aient obtenu** ce contrat en Nouvelle-Calédonie.	*We approve of their **getting** the contract in New Caledonia.*

it is preferable to say:

Nous approuvons **leur obtention** du contrat en Nouvelle-Calédonie.	*We approve of **their getting** the contract in New Caledonia.*

Admettre is followed by the indicative in the affirmative when the statement is factual and cannot be disputed:

J'admets qu'il **a eu** tort.	*I admit he **was** wrong.*
Tout le monde a admis que les voisins du dessus **avaient fait** trop de bruit.	*Everybody agreed that the neighbors upstairs **had made** too much noise.*

In other cases, **admettre** is followed by the subjunctive:

On ne peut pas admettre qu'il **se conduise** ainsi.	*We can't allow him **to behave** like that.*
Admettriez-vous que votre fils **insulte** un professeur?	*Would you allow your son **to insult** a teacher?*
En admettant que ce **soit** vrai, qu'est-ce que ça changerait?	*Supposing it **is** true, what would that change?*
Admettons qu'elle **ait** raison.	*Let's suppose she **is** right.*

Comprendre can go either way:

Je comprends qu'il **a besoin** de toi.	*I understand (realize) he **needs** you.*
Elle comprend qu'il **s'ennuyait** d'elle.	*She understands (realizes) he **missed** her.*
Il a bien compris qu'il ne **doit** pas mentionner votre nom.	*He understood (realized) very well that he **is** not **supposed to** mention your name.*

The three statements above are factual. However, in the following sentences, we are no longer dealing with hard facts. The sense is closer to the verbs *to see* or *to feel*, where we're dealing with emotion and judgment:

Je comprends que tu **aies pu** oublier de nous appeler pendant ta lune de miel.	*I can understand why you forgot to call us during your honeymoon.*
Ils ne comprennent pas qu'il **puisse** s'ennuyer à Tahiti.	*They don't understand how he **can** be bored in Tahiti.*
Je comprends que vous **souhaitiez** une promotion.	*I understand you **would like** a promotion.*
Comprenez-vous qu'il **ait démissionné** sans m'en parler?	*Do you understand he **resigned** without telling me?*
Elle ne comprend pas que son frère **se permette** d'être si intolérant envers les autres.	*She does not understand how her brother **can** be so intolerant toward others.*

How to grasp the subtleties of **supposer, concevoir, expliquer,** and **espérer**

We are going to compare the nuances of these four verbs and determine when they can be followed by the indicative or the subjunctive.

Supposer

When **supposer** means **penser** in the affirmative form, it is usually followed by the indicative.

Elle suppose que c'**était** l'objectif du directeur.	*She thinks it **was** the director's goal.*
Je suppose que la plupart des pays européens **ont signé** le traité de Lisbonne.	*I assume most European countries **signed** the Treaty of Lisbon.*
Elle suppose qu'il **pourrait** y avoir un conflit entre nous.	*She thinks there **could** be a conflict between us.*

The English *I think, I am sure* implies certainty, which means that the indicative mood is the right choice. Note, however, that one generally uses the indicative in sentences starting with English *I suppose,* and the subjunctive when the sentence begins with English *I **don't** suppose.*

Il **ne suppose pas** que le Parlement **soit opposé** à ce projet de loi.	*He **does not think** the Parliament **is opposed** to this bill.*

In the following sentences, the subjunctive is justified by the hypothetical flavor of the statement. This example demonstrates the huge difference between making a supposition and asking someone to do it. When I make a supposition, I'm still in the indicative realm: I know what I'm talking about. However, if I ask *you* to make a supposition, I enter a hypothetical universe, over which I have no control; I have entered the Kingdom of Subjunctivia.

Supposez qu'ils **aient contracté** le choléra.

*Imagine them **having contracted** cholera.*

Mme Boileau suppose-t-elle que nous **envisagions** de la licencier?

*Does Mrs. Boileau think we are **planning** to fire her?*

Concevoir

Concevoir is usually followed by the subjunctive. However, when its connotation is **comprendre**, *to think, to realize*, especially when the thinking is based on facts or when it implies a fact, the indicative is used.

Vous concevez sans doute que nous **sommes** très **déçus** par votre décision.

*You probably understand we **are** very **disappointed** by your decision.*

On ne pouvait pas concevoir qu'il **manquerait** à sa parole.

*We could not imagine he **would not keep** his word.*

Vous pouvez concevoir que je ne vous **cèderai** jamais ma place.

*You can imagine that I **will** never let you **take** my place (**give** my place **up** to you).*

In the following examples, the connotation of **concevoir** moves a step away from evidence-based thought, which explains the use of the subjunctive:

Cette organisation caritative ne conçoit pas qu'on **puisse** mourir de faim.

*This charity finds it incomprehensible that people **can** die of hunger.*

Je conçois qu'il **se soit senti** humilié.

*I can imagine he **felt** humiliated.*

Son patron ne conçoit pas qu'elle **puisse** quitter l'entreprise.

Her boss cannot imagine her leaving the firm.

Expliquer

In the examples below, with **expliquer**, the explaining is based on facts: hence the use of the indicative:

Le professeur nous a expliqué qu'il **fallait** apprendre ces verbes par cœur.

*The professor explained to us that we **had to** learn these verbs by heart.*

L'avocat a expliqué clairement que vous **êtes** la propriétaire de ce manoir.

*The lawyer explained clearly that you **are** the owner of this mansion.*

The variety of the explanations in the sentences below should not surprise you, as they involve opinion and speculation, abandoning the world of facts. This is your cue to use the subjunctive.

Comment pouvez-vous expliquer qu'il **vive** ainsi avec de si maigres revenus?	*How can you explain his lifestyle (that he **lives** that way) with his decidedly meager income?*
La mauvaise humeur de son fils explique sans doute pourquoi elle **ait eu** du mal à trouver une garde d'enfant.	*Her son's bad temper explains why she **has had** a hard time finding a babysitter.*

However, verbs expressing expectation are followed by the subjunctive. At times you may see the indicative in such sentences, but that usage is now considered obsolete.

Attendez qu'il **fasse** plus chaud!	***Wait** until it **gets** warmer!*
Nous **attendrons que** vous **signiez** le document.	*We'll **wait** until you **sign** the document.*
En attendant qu'il **revienne**, je vais envoyer quelques mails.	*While I **am waiting** for him **to come back**, I am going to send a few e-mails.*
Je **m'attends à ce que** vous **acceptiez** mon offre.	*I **expect** you **to accept** my offer.*

Espérer

The verb **espérer** (*to hope*) has recently been the subject of polemics. In theory, **espérer** is followed by the indicative in the affirmative form and often by the subjunctive in the negative and interrogative forms. As we know, the indicative mood conveys the idea that an event is real and fact-based, whereas the subjunctive accompanies subjective thoughts and feelings. As *hope* is difficult to define, we should not be surprised to see both the indicative and the subjunctive. To make things a bit more complicated, the verb **espérer** has evolved—certain grammarians calling the phenomenon "the subjunctive inflation"—to the point of gradually becoming a synonym of *to wish* and *to want*. They blame writers and journalists for this.

J'espère qu'elle **viendra** demain.	*I hope she **comes** tomorrow.*
J'espère qu'elle ne **viendra** pas.	*I hope she doesn't **come**.*

or

J'espère qu'elle ne **vienne** pas.	*I hope she doesn't **come**.*

Espérez-vous que je lui **dirai** la vérité?	*Are you hoping I **will tell** him/her the truth?*

or

Espérez-vous que je lui **dise** la vérité?	*Are you hoping I **will tell** him/her the truth?*

In the preceding examples, one expects to see the subjunctive in the negative sentence. But what about the interrogative sentences? This is where intuition trumps rules. In the first interrogative sentence above, the indicative could be explained by a feeling that hope may be justified. In the second sentence, the subjunctive seems to deny any hope.

Today, the subjunctive is increasingly becoming the default mode for sentences, such as the previous examples, which seem slightly unclear. Does that mean our world has become less certain and a bit more nebulous?

Espérons que le nouveau rédacteur **soit** à la hauteur!	*Let's hope the new editor **is** up to the task!*
Espérons qu'elle **puisse** les convaincre!	*Let's hope she **can** convince them!*
Il espérait que son adversaire **fasse** une gaffe.	*He hoped his opponent **would make** a blunder.*
Elle espérait que la poésie **puisse** le soulager.	*She hoped he might find solace in poetry.*
L'enfant espère que sa mère **se sente** mieux.	*The child hopes his/her mother **feels** better.*

EXERCICE

3·1

Mettre les verbes entre parenthèses à l'indicatif. Choisir le temps en fonction du sens.

1. Elle nie absolument qu'elle (voir) le suspect.

   _____

2. Le roi a décrété que tous ses sujets (assister) au bal demain soir.

   _____

3. J'admets que vous (avoir) raison.

   _____

4. Ils en concluent que vous (démissionner) avant la fin de la semaine.

   _____

5. Nous jugeons qu'il (être) apte à témoigner devant le tribunal de grande instance.

   _____

6. Tu conçois que tes parents (avoir) de grands espoirs pour toi et ils sont déçus.

   _____

7. Je suppose qu'il (être) présent hier à la réunion.

   _____

8. Vous comprenez que leur présence (être) indispensable.

   _____

9. Nous espérons qu'il (faire) beau pour le pique-nique dans le Bois de Vincennes.

   _____

10. Le ministre des Affaires étrangères a décidé que lui et son secrétaire d'État (partir) vendredi pour la Côte d'Ivoire.

   _____

EXERCICE

3·2

Mettre les verbes au subjonctif présent.

1. Théo ne conteste pas que son meilleur copain (pouvoir) réussir au concours de musique.

   _____

2. Ambroise n'admet pas que son camarade de chambre (ne jamais faire) le ménage.

   _____

3. Admettriez-vous qu'Adélaïde (joindre) cette organisation?

   _____

4. Approuveriez-vous que Béatrice (obtenir) une promotion?

   _____

5. Augustin s'oppose à ce que tu (aller) à cette manifestation.

_____

6. Louis ne conteste pas que vous (avoir) les compétences requises.

_____

7. Yolène espère que Thibaut (faire) le voyage avec elle.

_____

8. Ils espéraient que Béranger (venir) à leur secours.

_____

9. Noah comprend que vous (envisager) un autre avenir.

_____

10. Comment expliques-tu qu'Élise (vivre) seule avec six chiens?

_____

EXERCICE
3·3

Traduire en utilisant le subjonctif présent et *vous* si nécessaire.

1. Ophélie hopes he can arrive in time.

_____

2. Diane has decided that you must leave the firm.

_____

3. I'll wait until you invite us to your country house.

_____

4. I don't want him to make important decisions. (2 options)

_____

5. We do not approve of your behaving this way in front of the clients.

_____

6. How can you explain their living in a grotto?

_____

7. Cassandre denies her sister stole the necklace.

_____

8. Her grandparents hope Louis will succeed.

_____

9. We are opposed to your having such responsibilities.

_____

10. Faustine does not dispute the fact that you're intelligent.

_____

Let's get impersonal!

The subjunctive after certain impersonal expressions

The subjunctive is used after certain impersonal expressions. As we learned in Chapter 2, some expressions of will, doubt, and emotion are followed by the indicative, and others by the subjunctive. Similarly, some impersonal expressions are followed by the indicative or the subjunctive. In most cases, the expressions followed by the subjunctive express will, obligation, necessity, emotion, and doubt.

Here are some impersonal expressions followed by the *indicative*:

il est certain	*it is certain*
il est évident	*it is obvious*
il est indéniable	*it is unquestionable*
il est indiscutable	*it is unquestionable*
il est incontestable	*it is unquestionable*
il est manifeste	*it is quite obvious*
il est probable	*it is probable*
il est sûr	*it is sure*
il est vrai	*it is true*
il paraît	*it seems*
il me semble	*it seems to me*
il lui semble	*it seems to him/her*

Here are some impersonal expressions followed by the *subjunctive*:

il faut	*one must*
il est obligatoire	*it is mandatory*
il est essentiel	*it is essential*
il est urgent	*it is urgent*
il est fatal	*it is fatal*
il est nécessaire	*it is necessary*
il est juste	*it is fair*
il est important	*it is important*
il est utile	*it is useful*
il importe	*it is important*
peu importe	*it does not matter*
il serait opportun	*it would be advisable*
il est temps	*it is time*

il est grand temps	*it is about time*
il est urgent	*it is urgent*
il est préférable	*it is preferable*
il est naturel	*it is natural*
il est heureux	*it is fortunate*
il est rare	*it is rare*
il est courant	*it is ordinary*
il est étrange	*it is strange*
il est étonnant	*it is amazing*
il est dommage	*it is a shame*
il est regrettable	*it is unfortunate*
il est inadmissible	*it is unacceptable*
il est scandaleux	*it is shocking*
il vaut mieux	*it is better*
il est souhaitable	*it is desirable*
il est bon	*it is a good thing*
il est bien	*it is a good thing*
il serait agréable	*it would be pleasant*
il est normal	*it is normal*
il est logique	*it is logical*
il est utile	*it is useful*
il est bizarre	*it is odd*
il est suspect	*it is suspicious*
il est surprenant	*it is surprising*
il est indispensable	*it is essential*
il est inévitable	*it is inevitable*
il est triste	*it is sad*
il est drôle	*it is strange/funny*
il est merveilleux	*it is wonderful*
il est possible	*it is possible*
il se peut	*it may*
il s'agit	*the question is, it is a matter of, one has to*
il est question	*it's about*
il est de règle	*you have to*
il arrive	*it happens*
il est douteux	*it is doubtful*
il n'est pas certifié	*it is not guaranteed*
il est à peine croyable	*it is hard to believe*
il est peu probable	*it is unlikely*
il est improbable	*it is unlikely*
il est inimaginable	*it is unthinkable*
il est inconcevable	*it is inconceivable*

il est inhabituel	*it is unusual*
il est exclu	*it is out of the question*
il est prévisible	*it is foreseeable*
il est de notre intérêt	*it is in our interest*
il est peu vraisemblable	*it is hardly likely*
il est invraisemblable	*it is unlikely*
il n'est pas invraisemblable	*it is not unlikely*
est-il vraisemblable?	*is it likely?*
y a-t-il une chance?	*is there a chance?*
il n'y a aucune chance	*there is hardly any chance*
il n'y a guère de risques	*there is not much risk*
il n'est guère certain	*it is improbable*
cela ne vaut pas la peine	*it is not worth it*
cela me gêne	*it bothers me*
cela me plaît	*I like*
cela me déplaît	*I dislike*
cela me fait plaisir	*I am delighted*
cela m'amuse	*it amuses me*
comment se fait-il?	*how come? why?*

Let's compare the use of the indicative and the subjunctive:

Il est évident qu'elle **sera** là demain.	*It is obvious she'll be here tomorrow.*
Il n'y a aucune chance qu'elle **soit** là demain.	*There is no chance she'll be here tomorrow.*
Il est certain que Florin **gagnera** la compétition.	*It is certain that Florin will win the competition.*
Il est peu vraisemblable que vous **gagniez** la compétition.	*It is unlikely you'll win the competition.*

As you can see, the subjunctive accompanies skepticism. If things are obvious, the indicative rules. If things are unlikely, you will use the subjunctive.

Now let's look at sentences using impersonal expressions with the *subjunctive*:

Il faut que Marc **prenne** une décision avant la semaine prochaine.	*Marc has to make a decision before next week.*
Il faut que votre commission **empêche** la démolition de ce bâtiment historique.	*Your commission has to prevent the demolition of this historic building.*
Il est possible que nous **soyons** en retard.	*We may be late.*
Il est dommage qu'il **pleuve**.	*It is a shame it is raining.*
Il est urgent que vous **trouviez** une solution.	*It is urgent you find a solution.*
Il n'est pas certifié que ce tableau **soit** un Matisse.	*This painting has not been authenticated as a Matisse.*

Il est essentiel que nous **contactions** ce mécène.	*It is essential for us to contact this art sponsor.*
Il est drôle qu'elle **veuille** devenir anthropologue judiciaire.	*It is strange she wants to become a forensic anthropologist.*
Il n'y a guère de chances qu'Axel vous **rende** l'argent.	*There is not much chance Axel will pay you back.*
Il arrive que des miracles **se produisent**.	*Miracles happen.*

Even though they present a variety of situations, which at first glance might seem unrelated, prompting us to question the use of the subjunctive, the sentences above—even the final one—which almost sounds factual, have something in common: they are not evidence-based statements.

You will need to memorize the impersonal expressions that take the subjunctive along with their usage.

In spoken colloquial French, one hears sentences such as: **C'est dommage qu'il soit parti.** However, in written or more formal spoken French, this type of sentence does not start with **C'est.** Say instead: **Il est dommage qu'il soit parti.**

EXERCICE
4·1

Mettre les verbes entre parenthèses à l'indicatif ou au subjonctif présent.

1. Il est vrai que ces logements (être) en très bon état.

_____

2. Il est souhaitable qu'ils (intensifier) leurs efforts.

_____

3. Il vaut mieux que nous (renoncer) à notre part d'héritage.

_____

4. Il est étonnant que tu (pouvoir) rester debout toute la nuit.

_____

5. Il est scandaleux que les responsables (ne pas être) pénalisés.

_____

6. Il me semble qu'il (avoir) une nouvelle stratégie électorale.

_____

7. Il est probable qu'il (pleuvoir) demain.

_____

8. Il est juste que vous (partager) les revenus.

_____

9. Il est de règle que vous (faire) vous-même la demande.

_____

10. Il paraît qu'il (déménager) le mois prochain.

_____

11. Il est grand temps que vous (prendre) des vacances.

_____

12. Il est rare qu'il (faire) des cadeaux.

_____

13. Il est essentiel que vous (exploiter) ces nouveaux concepts.

_____

14. Il est sûr qu'ils (surveiller) les travaux.

_____

15. Il est regrettable que les sages-femmes (ne pas avoir) plus de pouvoir.

_____

16. Il faut que vous (se réconcilier) au plus vite.

_____

17. Il est certain que la loi (être) votée à l'unanimité dimanche prochain.

_____

18. Il est inconcevable que ces jeunes (ne pas lire) la presse.

_____

19. Il arrive qu'il y (avoir) une panne d'électricité.

_____

20. Il importe que tu (poursuivre) cette piste.

_____

Traduire les phrases suivantes en utilisant l'indicatif ou le subjonctif présent et *vous* si nécessaire.

1. You need to buy a new computer!

_____

2. It is important that you bring at least one present.

_____

3. It is about time you accepted our offer!

_____

4. It is surprising that you are asking for so much money.

_____

5. It is a shame it is so cold.

_____

6. It is unfortunate he does not know the truth.

_____

7. It is essential you contact him.

_____

8. It is preferable that we leave at noon.

_____

9. It is important that everything be ready before Monday.

_____

10. It is sad he is leaving our law firm.

_____

11. It is unacceptable you are behaving this way.

_____

12. It is logical you tell us the whole story.

_____

13. It is obvious he is right.

_____

14. It is natural you have some doubts.

_____

15. It is normal for him to be tired after such a long day.

_____

16. It is rare for him to do his homework without his sister's help.

_____

17. It is not unusual for us to work on weekends.

_____

18. It is unfortunate you do not accept pets in your building.

_____

19. There might be some in the building.

_____

20. It is probable he'll come next weekend.

_____

Mettre les verbes entre parenthèses au subjonctif passé.

1. Il est regrettable qu'il y (avoir) un malentendu entre eux.

   _____

2. Il est surprenant que ce metteur en scène (choisir) cet acteur pour ce rôle.

   _____

3. Il est dommage que le taux de chômage (augmenter) le mois dernier.

   _____

4. Il est juste qu'ils (rembourser) leurs dettes.

   _____

5. Il n'y a guère de chances que l'agent immobilier (vendre) beaucoup d'appartements.

   _____

6. Il se peut que le syndicat (accepter) les conditions pendant la nuit.

   _____

7. Il est normal qu'il y (avoir) des kilomètres de bouchon en raison de la neige.

   _____

8. Il est inadmissible que le fabricant (ne pas retirer) ces produits du marché plus tôt.

   _____

9. Il est drôle qu'il (ne pas se manifester) pendant les négociations.

   _____

10. Il est curieux que l'agent de sécurité le (laisser entrer).

   _____

Traduire les phrases suivantes en utilisant le subjonctif passé et *tu* si nécessaire.

1. It is strange she did not call you.

   _____

2. It is unfortunate you planted your garden last week.

   _____

3. It is normal they lost patience.

   _____

4. It is a shame it rained all day.

   _____

5. It is possible he left Paris yesterday.

   _____

6. It is hard to believe he won the competition.

   _____

7. There is little risk her parents sold the country house.

   _____

8. It is unacceptable that he left without saying good-bye.

   _____

9. It is logical they chose a school in Paris.

   _____

10. It is doubtful his lawyer did something illegal.

    _____

The long and winding road

Conjunctions and infinitives

As we have seen in previous chapters, the subjunctive is a mood expressing possibility, indecision, emotion, and doubt. For example, we may gradually or suddenly become aware of a shadow of doubt or uncertainty about facts and actions that earlier seemed unassailable. This shadow, expressed by the subjunctive, leads us into the dramatic world of emotions. There seems to be nowhere in the grand labyrinth of the French language where we can escape from the "subjunctive or not" dilemma. One example is in the realm of conjunctions.

The subjunctive after certain conjunctions

For sentences that have a conjunction, you will need to decide whether to use the indicative or the subjunctive of the verb following the conjunction.

Some conjunctions are always followed by a verb in the *indicative* mood. Here are a few examples:

quand	*when*
lorsque	*when*
pendant que	*while*
tandis que	*whereas*
dès que	*as soon as*
aussitôt que	*as soon as*
parce que	*because*
puisque	*since*
si	*if*
pourquoi	*why*
comme	*as*
tant que	*as long as*
étant donné que	*given that*
vu que	*given that*
chaque fois que	*each time*
au fur et à mesure	*as*
sous prétexte que	*on (the) pretext of*
suivant que	*according to whether*

Chaque fois qu'il **vient** à la maison, il apporte des fleurs.	***Each time** he **comes** home, he brings flowers.*
Les enfants jouaient **pendant que** nous **regardions** la télévision.	*The children played **while** we **were watching** television.*
Tu sais **pourquoi** il **en a marre** de son boulot?	*Do you know **why** he **is fed up** with his job?*
Appelle-les **quand** tu **seras** en France.	*Call them **when** you **are** in France.*
Ils dépensaient leur argent **au fur et à mesure qu**'ils le **gagnaient**.	*They spent their money **as fast as they earned** it.*
Suivant que vous **êtes** riche ou pauvre, la justice ne sera pas la même.	***Whether** you **are** rich or poor will determine how justice will treat you.*

However, many other conjunctions are followed by the *subjunctive*:

afin que	*so that, in order to*
pour que	*so that, in order to*
de peur que	*for fear that*
de crainte que	*for fear that*
avant que	*before*
bien que	*although*
quoique	*although*
jusqu'à ce que	*until*
sans que	*without*
à moins que	*unless*
à supposer que	*assuming that*
en attendant que	*while waiting*
non que	*not that*
où que	*wherever*
qui que	*whoever*
quoi que	*whatever*
quelque... que	*however*
pour peu que	*if/as long as*
à condition que	*on the condition that*
pourvu que	*provided/let's hope*
trop... pour que	*too much for*
assez... pour que	*enough*
d'aussi loin... que	*for as long as*

La reine se cachait **de crainte qu**'on la **suive**.	*The queen used to hide **for fear of being followed**.*
Expliquez le subjonctif **jusqu'à ce que** les étudiants le **comprennent**!	*Explain the subjunctive **until** the students **understand**!*
Le chien a sauté dans la piscine **sans que** je **m'en aperçoive**.	*The dog jumped into the pool **without my realizing it**.*

Bien que nous ne **soyons** pas toujours d'accord, nous sommes amis.	*Although* we do not always **agree**, *we are friends.*
Le marchand de tissu enverra quelques échantillons **pour que** nous **puissions** choisir.	*The fabric merchant will send a few samples **so that** we **may** choose.*
L'interprète lira le scénario **avant que** vous et le metteur en scène **arriviez**.	*The interpreter will read the script **before** you and the director **arrive**.*

Avoid the expression **malgré que** (*although*). It is considered obsolete or incorrect French.

EXERCICE
5·1

Mettre les verbes entre parenthèses au subjonctif présent.

1. Ils joueront au tennis à moins qu'il (pleuvoir).

_____

2. Tout sera prêt avant que vous (arriver).

_____

3. Elle a fait le nécessaire pour que vous (recevoir) le colis à temps.

_____

4. Écrivez-nous plus souvent pour que nous (avoir) de vos nouvelles.

_____

5. Quoiqu'il (faire) froid, ils se baladent dans la ville.

_____

6. Le chat sort toujours sans que je le (voir).

_____

7. Je me permets de vous appeler de peur que vous (oublier) la date limite, le 8 mars.

_____

8. Ne changez rien à votre routine jusqu'à ce que nous vous (contacter).

_____

9. Marie assistera à la réception bien qu'elle (ne pas en avoir envie).

_____

10. Nous resterons ouverts plus tard pour que nos clients (être) satisfaits.

_____

EXERCICE
5·2

Mettre les verbes entre parenthèses à l'indicatif ou au subjonctif présent.

1. Cécile ira en Grèce parce qu'elle (s'intéresser) à l'Antiquité.

_____

2. Quoiqu'Ulysse (avoir) beaucoup d'argent, il est avare.

_____

3. Nous partagerons l'héritage à moins que quelqu'un (ne pas être) d'accord.

_____

4. Si vous (avoir) un moment, passez nous voir dimanche.

_____

5. Julie a saisi le dossier avant que son collègue (pouvoir) réagir.

_____

6. Vous êtes impressionnant lorsque que vous (faire) un discours.

_____

7. Bien que les ouvriers (être) au chômage depuis des mois, ils se débrouillent.

_____

8. Chaque fois que vous (ouvrir) la bouche, c'est pour dire des bêtises.

_____

9. Ne faites pas cela sans qu'il le (savoir)!

_____

10. Puisqu'elle (partir), je pars aussi!

_____

Some conjunctions normally followed by a subjunctive must be replaced by a "preposition plus infinitive" when the subject of the main clause and the dependent clause are the *same*. Look at the second sentence below. It must be used instead of **Damien écrit la lettre avant qu'il (ne) sorte**, which is not correct French.

Note that there are no prepositions to replace **bien que**, **quoique**, or **jusqu'à ce que**. These three conjunctions precede the subjunctive even when the subject of both clauses is the same.

Damien écrit la lettre **avant que** le facteur **arrive**.	Damien writes the letter **before** the mailman **arrives**.
Damien écrit la lettre **avant de sortir**.	Damien writes the letter **before going out**.
Victor ferme la fenêtre **de peur que** sa fille **attrape** un rhume.	Victor closes the window **for fear** his daughter **may catch** cold.
Victor ferme la fenêtre **de peur d'attraper** un rhume.	Victor closes the window **for fear of catching** a cold.

In other words, **bien que** will always be **bien que**, which means that it is always followed immediately by a subjunctive. The subject can be the same in the main clause and the dependent clause. There is no way of sidestepping the subjunctive with **bien que**.

Bien qu'Alice **soit** perfectionniste, elle finit toujours ses articles à temps.	**Although** Alice **is** a perfectionist, she always finishes her articles in time.
Bien qu'Alice **doive** parfois se dépêcher, ses collègues sont très tolérants envers elle.	**Although** Alice **must** sometimes rush, her colleagues are very patient with her.

Pourvu que

Pourvu que may take on two meanings, depending on whether it is in an independent or dependent clause. When **pourvu que** is used in a dependent clause, it means *provided (that)*.

Pourvu que le contrat **soit** signé, nous enverrons le chèque.	*Provided* the contract *is* signed, we'll send the check.
Il est heureux **pourvu qu**'il **ait** de quoi manger.	*He is happy **provided** he **has** enough to eat.*

If **pourvu que** is used alone, in an independent clause, it is translated by *let's hope*. This way of expressing a wish is as common as **espérons que** (*let's hope that*), if not more so.

Pourvu qu'il **fasse** beau demain!	*Let's hope the weather is nice tomorrow!*
Pourvu que vous **passiez** de bonnes vacances!	*Let's hope you have a great vacation!*
Pourvu que ça **dure**!	*Let's hope it lasts!*
Pourvu qu'ils **aient reçu** le message!	*Let's hope they got the message!*

The infinitive versus the subjunctive

In some cases, you will need to focus on the nuances before deciding whether to use the indicative or the subjunctive with certain conjunctions. Owing to its subjective nature, the subjunctive may seem to resist grammatical analysis. Therefore, to choose between the subjunctive and the indicative we often must rely on our intuition, and not on the opinions of grammarians, who frequently disagree about questions of usage.

Fortunately, usage can often serve as a guide. For example, the following list includes constructions that are "subjunctive indicators." The best way to approach them is to recognize them in context.

(pour) autant que	*as far as/as long as*
de façon à ce que	*so that*
de manière à ce que	*so that*
de sorte que	*in order to*
en sorte que	*in order*
en attendant que	*while waiting for*
encore que	*even though*
en admettant que	*supposing that / acknowledging that*

However, when a condition is the result of a known fact, the *indicative* is used with the above conjunctions. Where a condition remains hypothetical, that is, where there is still doubt, the *subjunctive* is required. Compare the two sentences below, the first with the indicative, the second with the subjunctive:

Pour autant qu'elle ne **se mêlait** pas de ses affaires, tout allait bien.	*As long as she did not meddle in his business, everything was fine.*
Pour autant qu'elle ne **devienne** pas directrice, tout ira bien.	*As long as she does not become director, everything will be fine.*

The subjunctive is more commonly used in sentences such as the following:

Autant que je **sache**, il a reçu une augmentation.	*As far as I know, he got a raise.*
Pour autant que nous **ayons** le matériel adéquat, nous fabriquerons cet outil.	*As long as we have the appropriate material, we'll make this tool.*
Vous pouvez emprunter mon iPad **autant que** vous **sachiez** vous en servir.	*You can borrow my iPad as long as you know how to use it.*
Pour autant que je **puisse** dire, ils n'avaient jamais vu un hérisson.	*As far as I can tell, they had never seen a hedgehog.*
Je parle fort **de sorte que** tout le monde m'**entend**.	*I speak loudly so that everyone hears me.*
Parle fort **de sorte que** tout le monde t'**entende**!	*Speak loudly so that everyone hears (can hear) you!*
Les meubles sont disposés **de manière à ce que** l'écran **est** toujours visible.	*The furniture is arranged so that the screen is always visible.*
Les meubles sont disposés **de manière à ce que** l'écran **soit** toujours visible.	*The furniture is arranged so that the screen may always be visible.*
Encore que cela **est** vrai pour certains.	*Even though this is true for some people.*
Encore que je n'en **sache** rien.	*Even though I don't know anything about it.*
Encore qu'elle **soit** riche, elle n'est pas généreuse.	*Even though she is rich, she is not generous.*
Ils ont compris la théorie **en admettant que** la Terre **tournait** autour du Soleil.	*They acknowledged that the Earth turned around the Sun.*
En admettant qu'il **soit** coupable, qu'allez-vous faire?	*Supposing he is guilty, what are you going to do?*

The examples above illustrate the subjunctive's semantic power. Looking at two sentences, identical except for the subjunctive used in the second sentence, one might think they convey the same meaning. However, there is an important difference. In a sentence such as **Je parle fort de sorte que tout le monde m'*entend***, it is a question of acoustics: I simply want people to hear me. However, when I say **Je parle fort de sorte que tout le monde m'*entende***, an emotional charge is expressed by the subjunctive, for there is a reason I want to be heard.

Sometimes the grammatical moods may vary, but the meaning of the phrase or sentence remains the same:

Tout grand qu'il **est**.	*No matter how tall he is.*
Tout grand qu'il **soit**.	*No matter how tall he is.*

Avant que versus après que

The conjunction **avant que** is always followed by the subjunctive:

Avant que vous **preniez** cette décision, je voudrais vous parler.	*Before* you **make** *this decision, I'd like to talk to you.*
Vérifie que la vendeuse a enlevé l'étiquette **avant qu**'elle **emballe** le cadeau.	*Make sure the saleswoman has removed the price tag **before wrapping** (she **wraps**) the present.*

However, the conjunction **après que** can be tricky and has even become the subject of polemics among grammarians. In theory, the *indicative* is used after **après que**, since there is no doubt. But for some reason, the subjunctive is enjoying a revival after **après que** (not a new phenomenon) among writers, journalists, and radio and television reporters. The Grevisse *Le bon usage* noted this fact in 1993: «**On observe une tendance, surtout forte à partir du deuxième tiers du vingtième siècle, à faire suivre *après que* du subjonctif. [...] Cette tendance a fait l'objet de vives critiques [ici, le rappel de la mise en garde de l'Académie].**» Indeed, the Académie Française must be taken seriously! (Other experts actually favor the subjunctive after **après que** over more archaic tenses such as the **passé antérieur** or the **passé surcomposé**.)

To be on the safe side, use the indicative, but don't be surprised if at times you encounter the subjunctive after **après que**. Remember that language changes with time. It is simply **l'évolution de l'usage**.

Here are some examples of **après que** followed by the *indicative*:

Ils ont pleuré **après que** l'agent leur **a appris** la nouvelle.	*They cried **after** the agent **gave** them the news.*
Longtemps, longtemps, longtemps **après que** les poètes **ont disparu**, leurs chansons courent encore dans les rues.	*Long, long, long **after** the poets **have disappeared**, their songs still resonate through the streets.*
Il passera nous voir **après que** nous **avons dîné**.	*He'll stop by to see us **after** we **have had dinner**.*
Elle montera dans sa chambre **après qu**'il **sera parti**.	*She'll go to her room after he **is gone**.*
Il l'a vu **après qu**'elle **eut obtenu** (*passé antérieur*) son diplôme.	*He saw her **after** she **received** her diploma.*

In the following sentences **après que** is followed by the *subjunctive*:

Une semaine **après que** le livre **ait été terminé**, le romancier mourut.	*A week **after** the book **was completed**, the novelist died.*
Je suis arrivé **après qu**'il **ait fini** le gâteau au chocolat.	*I arrived **after** he **had finished** the chocolate cake.*

Elle referma la porte **après qu**'il **fût parti** *(subjonctif plus-que-parfait).*

She closed the door **after he had left.**

Après qu'il **ait annoncé** sa démission, tout le monde était ravi.

After he announced his resignation, everyone was delighted.

If we focus on the purely chronological or objective nature of these statements, we might question the use of the subjunctive with **après que**. Still, the subjunctive does not sound dissonant in these sentences. Events may unfold in strange ways, even within understandable time frames. As we've said, languages continue to evolve.

EXERCICE
5·3

Mettre les verbes entre parenthèses au subjonctif présent.

1. Il va acheter la maison avant que nous (avoir) la chance de la voir.

_____

2. Autant que je (savoir), Fabrice Luchini jouera un rôle dans cette pièce.

_____

3. Expliquez mieux vos idées de manière à ce que tout le monde (comprendre)!

_____

4. En attendant que vous (passer) l'examen, apprenez ces verbes par cœur!

_____

5. Je vous appellerai avant qu'elle (partir).

_____

6. Faites en sorte qu'il (ne pas avoir) d'ennuis.

_____

7. Pourvu qu'il (ne pas pleuvoir) pendant le match!

_____

8. Autant que je (pouvoir) en juger, il est coupable.

_____

9. Donne-lui cette invitation avant qu'elle (aller) au travail!

_____

10. Pourvu qu'elle (réussir) à l'examen!

_____

The *ne explétif*

The *ne explétif*, also known as the *ne pléonastique*, often follows conjunctions such as **avant que**, **à moins que**, **de crainte que**, and **de peur que**, and some expressions of doubt, warning, or negation. More common in literature or formal speech than in colloquial language, it precedes the verb form immediately following the conjunction or **que**. If you know how the *ne explétif* works, you will not mistake it for a negation.

Nous **avons peur que** cela **ne se reproduise**.	*We **fear that** it **might happen again**.*
Le président est parti **avant que** les ministres **n'aient pris** une décision.	*The president left **before** the ministers **made** a decision.*
Le responsable **craint que** vous **ne soyez** fatigué après un si long voyage.	*The official **fears** you **might be** tired after such a long trip.*
L'ébéniste **doute que** vous **ne compreniez** la valeur de ce meuble.	*The cabinetmaker **doubts** you **understand** the value of this piece of furniture.*
Elle refuse d'assister au festival **de peur que** son ex-mari **ne soit** là.	*She refuses to attend the festival **for fear** her ex-husband **might be** there.*

While the *ne explétif* *does not* negate anything, you can see how it reinforces the statement's uncertainty by reminding us of the unknown.

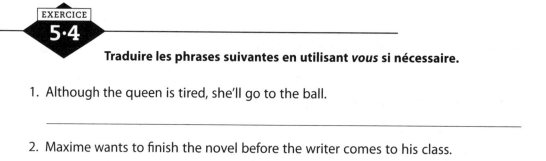

EXERCICE
5·4

Traduire les phrases suivantes en utilisant *vous* si nécessaire.

1. Although the queen is tired, she'll go to the ball.

_____

2. Maxime wants to finish the novel before the writer comes to his class.

_____

3. Although the interpreter knows the general topic, she is nervous.

_____

4. Don't invite them without Florin knowing it.

_____

5. Maylis is trying to finish the itinerary so that you can leave tomorrow.

_____

6. Wherever you are, I'll find you.

_____

7. Everything will be ready before you arrive in Paris.

_____

8. Let's hope they know the directions!

_____

9. As far as I know, they are very happy together.

_____

10. Matias will be very nice provided you respect his ideas.

_____

EXERCICE
5·5

Faire correspondre les deux colonnes en fonction du sens.

1. _____ Bien qu'elle soit très occupée
2. _____ Émilien a un blog
3. _____ Chantez plus fort
4. _____ Dépêche-toi
5. _____ Le directeur a pris une décision

a. pour que le public vous entende!
b. sans que les employés le sachent.
c. avant qu'il ne soit trop tard!
d. elle fait du bénévolat.
e. pour que ses amis partagent leurs idées.

Tell me why

The subjunctive with superlatives and relative clauses

The subjunctive is a multifaceted mood. Now that we've covered the subjunctive after conjunctions, let's focus on the subjunctive used with superlatives and relative clauses.

The subjunctive after superlatives

In correct spoken and written French, the subjunctive is used after a superlative or after an adjective that conveys an idea of uniqueness, such as **premier** (*first*), **dernier** (*last*), **seul** (*only*), **unique** (*unique*), and so on. In colloquial French, the indicative is acceptable in these contexts.

Following are examples of superlatives used with the **subjonctif présent**:

C'est **le plus grand** jardin botanique que je **connaisse**.	*It is the **largest** botanical garden I **know**.*
C'est **le meilleur** ordinateur qui **soit** en promotion dans ce magasin.	*It is **the best** computer that **is** on sale in this store.*
C'est **le seul** avocat de cette ville à qui vous **puissiez** faire confiance.	*He is **the only** lawyer in this town you **can** trust.*
C'est **le pire** virus qui **soit**.	*It is **the worst** virus that **exists**.*
C'est **l'unique** diamant rose que ce joaillier **vende**.	*This is **the only** pink diamond this jeweler **sells**.*

Following are examples of superlatives used with the **subjonctif passé**:

C'est **le plus petit** dictionnaire que nous **ayons** jamais **vu**.	*It is **the smallest** dictionary we ever **saw**.*
C'est **la meilleure** décision que tu **aies** jamais **prise**.	*It is **the best** decision you ever **made**.*

C'est **la seule** chanson que **j'aie apprise** par cœur à l'école.	It is **the only** song I **learned** by heart in school.
C'est **le pire** projet de loi qu'ils **aient** jamais **proposé**.	It is **the worst** bill they have ever **proposed**.
C'est **l'unique** femme que Florian **ait** jamais **aimée**.	She is **the only** woman Florian ever **loved**.

You will notice how beautiful the subjunctive sounds in these sentences that convey strong emotion, whether affirmative or negative. Whenever you want to express a superlative, try to use the subjunctive. Your French friends will be impressed!

EXERCICE
6·1

Mettre les verbes entre parenthèses au subjonctif présent.

1. C'est la plus grande ville que je (connaître) en Europe.

_____

2. C'est la seule chanson en français qu'il (savoir).

_____

3. C'est la pire chose qui (pouvoir) lui arriver.

_____

4. C'est l'unique photo qu'ils (avoir) de leurs parents.

_____

5. C'est le meilleur dictionnaire bilingue qui (être) disponible.

_____

6. C'est le seul roman qui lui (faire) oublier ses ennuis au quotidien.

_____

7. C'est le gratte-ciel le plus haut qu'on (être) en train de construire.

_____

8. C'est l'unique vision que cet architecte (avoir) depuis sa jeunesse.

_____

9. C'est la seule chose qu'ils (vouloir) nous révéler.

_____

10. Il est avare. C'est le moins que l'on (pouvoir) dire!

_____

Mettre les verbes entre parenthèses au subjonctif passé.

1. C'est triste mais c'est le seul choix qu'on leur (donner).

_____

2. C'est le bébé le plus mignon que nous (voir) à la maternité.

_____

3. C'est le pire concert que nous (entendre) dans ce théâtre.

_____

4. C'est la plus mauvaise soupe que le chef (jamais préparer).

_____

5. C'est le seul bâtiment de ce quartier qui (être) épargné par les promoteurs.

_____

6. C'est la seule tribu que tu (rencontrer) en Amazonie.

_____

7. C'est le livre le moins intéressant que cette biographe (écrire).

_____

8. C'est le premier emprunt qu'il (faire) à la banque.

_____

9. C'est la personne la plus désagréable que je (jamais rencontrer).

   _____

10. C'est le seul héritage qu'il (laisser) à ses enfants.

    _____

Traduire les phrases suivantes.

1. This is the only document I have to prove my age.

   _____

2. It is the first novel I am reading in French.

   _____

3. It is the best bakery I know in Nantes.

   _____

4. This is the first computer I ever bought.

   _____

5. This is the least one can say!

   _____

6. He is the only doctor I can recommend to you.

   _____

7. It is the worst meal she ever served us.

   _____

8. She is the only student I know in my class.

   _____

9. This is the best dictionary I ever bought for my children.

_____

10. He is the nicest person we have ever met.

_____

EXERCICE
6·4

Faire correspondre les colonnes en fonction du sens.

1. _____ C'est le pire discours

2. _____ C'est l'unique souvenir

3. _____ C'est le meilleur restaurant japonais

4. _____ C'est la seule solution

5. _____ C'est la plus haute tour

a. que vous possédiez de votre tante.

b. que je connaisse dans le vingtième.

c. que cet architecte ait construite.

d. que nous ayons jamais entendu.

e. que tu puisses envisager.

The subjunctive in relative clauses

The relative pronouns **qui**, **que**, **dont**, **où**, **auquel**, **à laquelle**, **auxquels**, and **auxquelles** may be followed by the subjunctive if we have reason to doubt a person's existence, or if we feel unsure about a desired outcome. Again, the indicative refers to a concrete fact; the subjunctive refers to a possibility, an abstraction, to something that may never be realized. Compare:

Je cherche **quelqu'un qui sait** déchiffrer ces hiéroglyphes.	*I am looking for **someone who can** decipher these hieroglyphs. (I know this particular person or I know that such a person exists.)*
Je cherche **quelqu'un qui sache** déchiffrer ces hiéroglyphes.	*I am looking for **someone who could** decipher these hieroglyphs. (I have no guarantee I will find that kind of expert, and I don't even know if he/she exists).*

This particular nuance can be crucial in science, forensic medicine, literature, detective stories, science fiction, etc.

Je cherche **quelqu'un qui sache** parler l'arabe couramment.	*I am looking for **someone who can** speak Arabic fluently.*
Il cherche **quelqu'un qui puisse** créer un logiciel pour son entreprise.	*He is looking for **someone who can** create software for his company.*
Connaîtriez-vous **quelqu'un qui puisse** me tirer d'affaire?	*Would you know **someone who could** get me out of trouble?*
Nous cherchons **un chasseur de têtes qui ait** du flair.	*We are looking for **a headhunter who has** flair.*
N'écrivez que **des livres dont** on **ait** vraiment **besoin**!	*Write only **books** we really **need**!*
Choisissez **un associé dont** vous **soyez** sûr!	*Choose **a partner about whom** you **are** sure!*
Ils aimeraient trouver **une auberge où** ils **puissent** se reposer.	*They would like to find **an inn where** they **could** rest.*
Trouvez-nous **un chalet où** il n'y **ait** absolument pas de bruit!	*Find **a chalet** for us **where** there **is** absolutely no noise!*
J'ai besoin d'**un ami auquel** je **puisse** confier ce secret.	*I need **a friend to whom** I **can** confide this secret.*

Que, ou que, soit que... soit que

These expressions, which you will see in phrases denoting a choice, or a lack of choice, between two alternatives, are also followed by the subjunctive. Note that Latin has two words for the conjunction *or*: **aut**, which is translated as *either . . . or*, and **vel**, rendered somewhat inelegantly in English as *and/or*.

Thanks to the subjunctive, French offers an elegant translation of the Latin **aut** in sentences such as **Soit je bois du vin, soit je bois de la bière. (*Either I drink wine or I drink beer*.)** Doing both would be a bad idea anyway!

Qu'il le **veuille** ou non, il devra le faire.	*Whether he **likes** it or not, he'll have to do it.*
Que vous **acceptiez** ce poste ou non, cela m'est égal.	*Whether you **accept** this position or not, it's all the same to me.*
Soit qu'il **se sente** mal à l'aise, **soit qu'**il **ait peur**, il doit parler au PDG.	*Whether he **feels** ill at ease, or **whether** he **is afraid**, he must talk to the CEO.*
Ou qu'elle **soit** épuisée, **ou qu'**elle en **ait** marre, elle doit terminer la tâche.	*Whether she **is** exhausted, or **whether** she **is** fed up, she must complete the task.*

EXERCICE

6·5

Mettre les verbes entre parenthèses au subjonctif présent.

1. Je cherche une maison qui (avoir) un jardin.

   _____

2. Paul est la seule personne à laquelle je (pouvoir) faire confiance.

   _____

3. L'entreprise cherche quelqu'un qui (savoir) gérer ce genre d'affaire.

   _____

4. Il n'a personne dans son immeuble qui (pouvoir) l'aider.

   _____

5. Le minimum qu'on (pouvoir) faire, c'est de lui téléphoner.

   _____

6. Achetez un ordinateur d'occasion dont vous (être) sûr!

   _____

7. Connaissez-vous une méthode qui (être) plus efficace?

   _____

8. Ils rêvent d'un appartement qui (avoir) un balcon.

   _____

9. Aurélie est la seule personne qui (vivre) dans ce château du Moyen Âge.

   _____

10. C'est le seul endroit où il (se sentir) à l'aise.

   _____

Écrire le paragraphe en mettant les verbes entre parenthèses au subjonctif présent.

Votre Smart personnalisée vous va comme un gant. Je viens d'acheter une Smart bleue. Je cherchais depuis longtemps la citadine idéale qui me (permettre) de circuler dans Paris facilement et que je (pouvoir) garer n'importe où. Je l'ai trouvée! La Smart est la voiture la plus petite, la moins lourde qui (être). La société Smart construit les voitures les plus écolos qui (exister) sur le marché car elles consomment peu d'essence. J'adore leur design et leur confort intérieur. Je rêve d'un Paris où seules les Smart seraient autorisées à circuler! (Vivre) la Smart!

_____

_____

_____

_____

_____

_____

Whatever happens

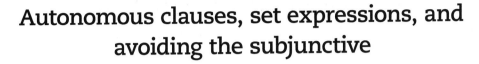

Autonomous clauses, set expressions, and avoiding the subjunctive

Do you ever want to express irritation, for example, but not lose your sense of humor? The subjunctive will come in handy! The subjunctive is used alone in independent clauses (that is, with no other clause) to express a wish, an order, a feeling, and a hypothesis.

The subjunctive in exclamations

Sometimes, particularly in brief exclamations and political slogans using the subjunctive, the utterance either does not begin with the "subjunctive **que**" or simply drops it:

Vive les vacances!	*Three cheers for vacation!*
Vive la reine!	*Long live the queen!*
Vive l'amour!	*Long live love!*
Vive le Québec libre!	*Long live free Quebec!* (Charles de Gaulle)
Advienne que pourra!	*Come what may!*
Fasse le Ciel que nous redevenions des enfants!	*May Heaven **allow** us to become children again!*
Puisse-t-il trouver la sérénité!	*May he find serenity!*
Puissiez-vous prendre la bonne décision!	*May you make the right decision!*
Ainsi **soit**-il!	*So **be** it! Amen!*
Sauve qui peut!	*Every man for himself!*
Eh bien, **soit**, qu'elle **se marie** avec lui!	*Very well then, let her **marry** him!*
Coûte que coûte, on y arrivera!	*No matter what, we'll manage!*
Soit l'un **soit** l'autre!	*Either one or the other!*
Les victimes se sont débrouillées **vaille** que **vaille**.	*The victims managed **somehow**.*

When **que** comes first

Some independent clauses, expressing feelings of surprise, wish, refusal, indignation, resignation, power, and so on, start with **que**:

Que le meilleur **gagne**!	*May the best one **win**!*
Que la lumière **soit**!	*Let there **be** light!*
Qu'il **se dépêche**!	*I wish he **would hurry**!*
Que cette guerre **finisse**!	*If only this war **would end**!*
Qu'ils **me fichent la paix**!	*I wish they **would leave me alone**!*
Qu'il **parte** immédiatement!	*He'd better **leave** right now!*
Qu'il **vienne** me faire des reproches!	*He'd better not **start** criticizing me!*
Qu'ils **essaient** seulement!	*Just let them **try**!*
Que personne ne **sorte**!	*No one **leaves**!*
Qu'il ne **touche** pas à mes livres!	*He'd better not **touch** my books!*
Qu'ils **osent** refuser... !	*They'd better not (**dare**) refuse!*
Que vous **croyiez**!	*That's what you **think**!*
Que vous y **alliez** la nuit? C'est trop dangereux!	*It's too dangerous for you **to go** there at night!*
Que vous **preniez** vos vacances en mai? Pas question!	*You want **to take** your vacation in May? Out of the question!*
Que je lui **donne** de l'argent? Tu plaisantes!	*Me, **give** him money? You must be joking!*
Qu'on **sache** que je serai président à vie!	*Let everyone **know** that I'll be president for life!*
Qu'il **soumette** son projet!	*Have him **submit** his project!*
Qu'ils **disent** ce qu'ils pensent une fois pour toutes!	*I wish they **would say** what they think once for all!*
Qu'il s'**excuse** et je lui pardonnerai!	*Let him **apologize** and I'll forgive him!*
Que le diable l'**emporte**!	*The devil **take** him!*

EXERCICE

7·1

Traduire en utilisant *tu* si nécessaire.

1. Long live the king!

_____

2. Let her come!

_____

3. I wish she would be quiet!

_____

4. Me? Talk to the minister? Certainly not!

_____

5. Just let her try!

_____

6. Peace be with you!

_____

7. I wish they would hurry!

_____

8. Let her speak!

_____

9. I wish they would leave her alone!

_____

10. Let her marry Lucas!

_____

The subjunctive reinforcing conviction

Used after the French equivalent of _whatever_ (**quoi que**, **quel que**), the subjunctive may reinforce a conviction, a negative or affirmative attitude, or even a sense of power. In these sentences, one detects a certain inflexibility on the part of the speaker. Note that **quoi que** is followed by a verb; **quel(le)(s) que** is followed by a verb + noun.

Quoi que tu **dises**, je m'en fiche.	**Whatever** you **say**, I don't care.
Quoi qu'ils **fassent**, ils réussissent.	**Whatever** they **do**, they succeed.
Quoi qu'il **compose**, ça ne me plaît pas.	**Whatever** he **composes**, I don't like it.
Quoi que vous **ayez dit**, ça ne changera rien.	**Whatever** you **said**, it won't change anything.
Quoi que vous **ayez dit** quelque chose d'idiot, cela n'a aucune importance.	**Although** you **said** something stupid, it doesn't matter.

Quel que soit le problème, Renaud s'en chargera.	*Whatever the problem (**may be**), Renaud will take care of it.*
Quelle que soit l'épice que vous cherchez, nous la trouverons.	*Whatever spice (**it is**) you are looking for, we'll find it.*
Quels que soient ses ennuis, nous l'aiderons.	*Whatever her problems, we'll help her.*
Quelles que soient les clauses, nous signerons le contrat.	*Whatever the clause, we'll sign the contract.*
Quel que soit ton âge, je t'inscrirai à ce cours.	*Whatever your age, I'll register you for this course.*

Don't confuse **quoi que** (*whatever*) with **quoique** (*although*). Further, **quel que** followed by a noun is the equivalent of *whatever*. **Quel que** agrees in gender and number with the subject (**quel que, quelle que, quels que, quelles que**).

Whoever/whomever and *wherever*

The subjunctive is also used in sentences that include the English equivalents of *whoever/ whomever* (**qui que**) and *wherever* (**où que**).

Qui que vous **soyez**, ce message vous concerne.	*Whoever you **are**, this message concerns you.*
Qui que tu **sois**, aide moi.	*Whoever you **are**, help me.*
Où que tu **ailles**, je ne t'oublierai pas.	*Wherever you **go**, I won't forget you.*
Où qu'elle **soit**, dites-lui de m'écrire.	*Wherever she **is**, tell her to write to me.*
D'où que vous **veniez**, vous êtes le bienvenu.	*Wherever you **come from**, you are welcome.*

Note: do not confuse **quel(le)(s) que soit** + noun (*whatever*) and **quelque** + adjective (*whatever*).

Here are some examples of **quelque** followed by an *adjective*:

Quelque difficile que **soit** le projet, ne l'abandonne pas!	*No matter how hard the project **may be**, don't give up!*
Quelque urgente que **soit** la situation, j'ai besoin de réfléchir.	*However urgent the situation **may be**, I need to think.*

Here is **quelque** followed by a noun, in a more formal style:

Quelque décision qu'ils **prennent**, ils changent toujours d'avis.	*Whatever decision they **may take**, they always change their mind.*
Quelque effort qu'il **fasse**, il finit toujours par échouer.	*Whatever effort he **makes**, he always ends up failing.*

Mettre les verbes entre parenthèses au subjonctif présent.

1. Quels que (être) vos conseils, je ferai ce qui me plaît.

   _____

2. Où que tu (aller), tu dois respecter les mœurs d'autrui.

   _____

3. Quoi que tu (écrire), utilise le correcteur orthographique.

   _____

4. Quelles que (être) les réparations, nous devrons les faire.

   _____

5. Qui que vous (être), n'abandonnez pas le navire.

   _____

6. Quoi que vous (savoir), cela peut nous être utile.

   _____

7. Quel que (être) le résultat, ils se plaindront.

   _____

8. Quel que (être) le temps, la régate aura lieu.

   _____

9. Quoi qu'elle (dire), ses collègues ne sont jamais d'accord.

   _____

10. Qui que tu (être), tu n'es pas exempté de ces obligations.

   _____

Traduire en utilisant *vous* si nécessaire.

1. (*Whatever you do*), je vous soutiendrai jusqu'au bout.

   _____

2. (*Wherever you go*), nous vous suivrons jusqu'au bout du monde.

   _____

3. (*Whoever you are*), je n'aime pas votre attitude hautaine.

   _____

4. (*Whatever you decide*), tenez-nous au courant.

   _____

5. (*Whatever you think*), nous n'éprouvons aucune rancune contre vous.

   _____

6. (*Wherever you live*), j'espère que vous êtes heureux.

   _____

7. (*Whoever you are*), soyez la bienvenue.

   _____

8. (*Whatever she says*), personne ne la contredit jamais.

   _____

9. (*Whomever you meet*) pendant votre voyage, profitez du moment.

   _____

10. (*Whatever your sister wants*), elle l'obtiendra sans l'ombre d'un doute.

   _____

Subjunctive awareness

Other constructions are followed by the subjunctive: **il n'y a que** in the negative, **il n'y a personne qui**, and **il y a peu de** in the restrictive form. Although colloquial French uses the indicative in these phrases, it is important to know that the subjunctive variant definitely exists.

Il n'y a que l'intelligence qui **fasse** bouger le monde.	*Only intelligence **can make** the world move.*
Il n'y a que les imbéciles qui ne **changent** pas d'avis.	*Only fools never **change** their mind.*
Il n'y a que ce chapeau qui m'**aille**.	*Only this hat **suits** me.*
Il n'y a qu'elle dont personne ne se **souvienne**.	*She is the **only** one nobody **remembers**.*
Il n'y a que les gens qui **écrivent** qui **sachent** lire. (Paul Léautaud)	*Only those who **write know how** to read.*
Il n'y a que la peur qui **soit** dangereuse.	*Only fear **is** dangerous.*
Il n'y avait personne qui **puisse** empêcher ce désastre.	*There was no one who could prevent this disaster.*
Il y a peu de gens qui **sachent** joindre l'utile à l'agréable.	*There are few people who **know how** to combine business and pleasure.*
Il y a peu de gens qui **soient** vraiment sincères.	*There are few people who are truly sincere.*
Il y a peu de scénarios que je **lise** avec plaisir.	*There are few scripts I **read** with pleasure.*

The subjunctive is also used after prepositional phrases or conjunctions such as **le fait que, du fait que, ce n'est pas que, non que, non point que, soit que... soit que**.

Ce n'est pas qu'il **soit** stressé, mais il est inquiet pour l'avenir.	*It is not that he is stressed, but he is worried about the future.*
Ce n'est pas qu'elle **soit** jalouse, mais elle préfère qu'il ne rentre pas trop tard.	*It is not that she is jealous, but she prefers him not coming home too late.*
Non qu'ils **soient** stupides, mais ils sont trop lents.	*Not that they **are** stupid, but they are too slow.*
Non que je **remette en cause** votre intégrité, mais j'ai des réserves sur cette affaire.	*Not that I **am questioning** your integrity, but I have reservations about this matter.*
Le fait que vous **proclamiez** votre innocence, ne veut rien dire.	*The fact that you **claim** your innocence does not mean anything.*
Le fait qu'un discours **puisse** avoir un tel impact sur le public, est impressionnant.	*The fact that a speech **can** have such an impact on the public is impressive.*
Du fait qu'il ne **réagisse** pas, je suppose qu'il ne va pas nous soutenir.	*Considering the fact that he is not reacting, I would say that he will not support us.*

Mettre les verbes entre parenthèses au subjonctif présent.

1. Ce n'est pas qu'il (être) méchant, mais il n'est guère brillant.

   _____

2. Le fait que le Crédit Agricole (avoir) un nouveau PDG devrait avoir un effet favorable.

   _____

3. Ce n'est pas qu'Alix (être) avare, mais il n'est pas très généreux.

   _____

4. Non que j'y (être) radicalement opposée, mais je ne suis pas totalement convaincue.

   _____

5. Le fait que vous (ne pas pouvoir) assister à la réunion va poser problème.

   _____

6. Ce n'est pas que je (être) fatigué, mais je préfère ne pas y assister.

   _____

7. Le fait qu'il vous (faire) cette demande indique qu'il est dans une situation précaire.

   _____

8. Ce n'est pas que nous (avoir) faim, mais vos mousses au chocolat sont alléchantes.

   _____

9. Le fait que vous (s'afficher) en public avec ce groupe est plutôt troublant.

   _____

10. Non que le comité (remettre) en question vos qualifications, mais vous n'avez pas toutes les qualités requises.

   _____

Avoiding the subjunctive

When you read the newspaper or a book, listen to the radio, or watch television or a movie, you are bound to run into some expressions that often become students' pet phrases they love to use over and over and show off in class.

Avoir beau

Is there any way to skirt the subjunctive, say, if you forget the conjugation of a verb? That will of course hardly ever happen! Note, however, that the expression **avoir beau**, used frequently in both spoken and written French, can accomplish this.

The two sentences below have the same meaning. You'll need to train your ear and pay attention when you read or listen to French, since **avoir beau** is always just around the corner.

Quoiqu'elle sache la vérité, elle refuse de parler.	*Although she knows the truth, she refuses to speak.*
Elle a beau savoir la vérité, elle refuse de parler.	*Although she knows the truth, she refuses to speak.*

Here are more examples:

J'ai beau lire ses articles dans le journal, je n'aime pas son style.	*Although I read his articles in the paper, I don't like his style.*
Il avait beau avoir un bon poste, il a décidé de faire le tour du monde en vélo.	*Although he had a good position, he decided to bike around the world.*
Il a eu beau chercher un emploi pendant des mois, il n'en a jamais trouvé.	*Although he looked for a job for months, he never found one.*
Ils auront beau essayer de me persuader, je resterai à Paris cet été.	*However much they (will) try to convince me, I'll stay in Paris this summer.*
J'ai beau passer des heures à apprendre ces verbes par cœur, j'ai du mal à m'en souvenir.	*Although I spend hours memorizing these verbs, I have trouble remembering them.*

One should note, however, that **avoir beau**, which is correctly translated as *although*, can also be associated with the idea of *futility*. Be careful! The dictionary often translates **avoir beau** as *in vain*. Sticking to that definition may get you in trouble, for you have seen that this expression does not always have a negative connotation. For example:

Elle a beau étudier le français, l'italien, l'allemand et le japonais, elle veut aussi se mettre à l'arabe et au chinois!	*Although she's studying French, Italian, German, and Japanese, she also wants to take up Arabic and Chinese!*

Remplacer _bien que_ et _quoique_ par _avoir beau_.

1. Quoiqu'il soit courageux, il a peur de faire face à cette situation.

   _____

2. Quoiqu'elle soit célèbre, son style de vie est très simple.

   _____

3. Bien que nous fassions des réunions régulièrement, elle n'y assiste jamais.

   _____

4. Bien qu'elle soit en vacances, elle répond aux emails de ses clients.

   _____

5. Quoiqu'ils s'entraînent avec acharnement, ils perdent tous les matchs.

   _____

6. Quoiqu'elle ait fouillé partout dans la maison, elle n'a pas retrouvé ses clés.

   _____

7. Bien que je dise la vérité, personne ne me croit.

   _____

8. Quoiqu'il veuille aller à Oslo, il n'a pas encore reçu d'invitation.

   _____

9. Bien que vous ayez les qualifications requises, nous ne pouvons pas vous engager.

   _____

10. Quoiqu'elle ait cherché dans ses papiers, elle n'a pas retrouvé l'extrait de naissance de sa grand-mère.

    _____

Traduire en utilisant *avoir beau* et *tu* si nécessaire.

1. Although the king is tired, he is dancing with Mme de Montespan.

   _____

2. Although he submitted his project several times, he never had any luck.

   _____

3. Although they are going on vacation, you are staying here with me.

   _____

4. Although he is hungry, he does not eat before their arrival.

   _____

5. Although I looked for the documents, I did not find them.

   _____

6. However famous he is, he is very nice to his staff.

   _____

7. Although she studied for hours, she failed the exam.

   _____

8. Although Mathieu is innocent, nobody believes him.

   _____

9. Although Hélène reads five books a week, she does not know this writer.

   _____

10. However splendid this house may be, it is too expensive.

    _____

À l'insu de

Another way of dodging the subjunctive is to use the prepositive locution **à l'insu de** (*without someone's knowledge*). When you have too many conjunctions in a sentence, **à l'insu de** will give it a lighter and more refined touch.

Pauline a acheté une maison **sans que** ses parents le **sachent**.

Pauline bought a house **without** her parents' **knowing** it.

Pauline a acheté une maison **à l'insu** de ses parents.

Pauline bought a house **without** her parents' **knowing** it.

Here are other examples:

Ne prenez aucune décision **sans que** le gérant le **sache**.

Do not make any decision **without** the manager's **knowing** it.

Ces recherches ont été faites **à l'insu** des patients.

This research was done **unbeknownst** to the patients.

Peut-on les filmer **à leur insu**?

Can we film them **without** their **knowing** it?

Le locataire a installé une nouvelle fenêtre **à l'insu** du propriétaire.

The tenant installed a new window **without** the owner's **knowing** it.

Il a enregistré la conversation **à l'insu** des avocats.

He recorded the conversation **without** **telling** the lawyers.

EXERCICE

7·7

Remplacer *savoir* **par** *à l'insu de* **ainsi que les personnes par un adjectif possessif.**

1. L'entrepreneur a changé un article du contrat sans que je le sache.

   _____

2. Il apprend le français sans que sa fiancée le sache.

   _____

3. Les professeurs ont été filmés pendant leurs cours sans qu'ils le sachent.

   _____

4. Ne quittez pas les lieux sans que le responsable le sache.

   _____

5. Elle a acheté un collier d'ambre sans que son mari le sache.

   _____

6. Ce médecin a fait des expériences scientifiques sans que ses patients le sachent.

   _____

7. Une enquête a été menée sans que les consommateurs le sachent.

   _____

8. L'avocat a rajouté une clause sans que ses confrères le sachent.

   _____

9. Le cycliste s'est dopé sans que son entraîneur le sache.

   _____

10. Elle a voté pour les Verts sans que je le sache.

    _____

All things must pass

The **subjonctif imparfait** and the **subjonctif plus-que-parfait**

Although imperfect and pluperfect tenses are more esoteric, you'll enjoy spotting them in literature and academic reviews. It is more a matter of identification than usage.

The **subjonctif imparfait**

It is useful to be able to identify the **subjonctif imparfait**. In French, you will come across it in formal speech; in refined language; in literary, historical, and academic works; and in sophisticated journalism. If you can recognize it, you will be able to grasp nuances even if, as is most likely, you will not need to produce this tense. You may hear or read it, for example, in a formal speech or oration, for comic effect in a play by Molière, in jokes ridiculing pedants, and in word play, some of it questionable, based on unusual sounding verb forms. You cannot ignore the **subjonctif imparfait**. Who knows? You may find it used among friends and acquaintances or on the street.

People may appear indifferent to it, but when the **subjonctif imparfait** is abused, it can have a boomerang effect. In his 2011 New Year's speech, the president of France, Nicolas Sarkozy, caused a sensation when he uttered a **subjonctif imparfait** that will go down in history. The tense in his statement was not in sync with the rather casual, informal speech the French public is accustomed to hearing from their president. Reacting to a minister's decision to resign, the president stated: **J'aurais souhaité qu'il *restât*** (*I would have preferred that he stay*).

The media devoted the first week of the year to debates about the **subjonctif imparfait**, many at the expense of the president. **Le ridicule ne tue pas** (*Ridicule never killed anyone*), but sometimes you need to be extra careful to avoid embarrassment. The strong reaction was not caused by an error, for Sarkozy used the **subjonctif imparfait** correctly. People were simply flabbergasted that he used it at all, for Nicolas Sarkozy is not perceived as a **subjonctif imparfait** kind of guy.

The **subjonctif imparfait** is used in a subordinate clause when the main clause is in the *past*. The **subjonctif imparfait**, like the **subjonctif présent**, is used to express demand, will, desire, emotion, or doubt. In modern spoken and often in written French, the **subjonctif imparfait** is replaced by the **subjonctif présent**.

Conjugating the verbs

To conjugate regular verbs in the **subjonctif imparfait**, drop the infinitive ending (-**er**, -**re**, -**ir**) and add endings as follows. Note that many verbs are irregular. You will find full conjugations in a comprehensive grammar book or bilingual desk dictionary.

Let's conjugate the **subjonctif imparfait** verbs in -**er**:

chanter (to sing)

je chantasse	*I sing/sang*	**nous chantassions**	*we sing/sang*
tu chantasses	*you sing/sang*	**vous chantassiez**	*you sing/sang*
il/elle chantât	*he/she sings/sang*	**ils/elles chantassent**	*they sing/sang*

envoyer (to send)

j'envoyasse	*I send/sent*	**nous envoyassions**	*we send/sent*
tu envoyasses	*you send/sent*	**vous envoyassiez**	*you send/sent*
il/elle envoyât	*he/she sends/sent*	**ils/elles envoyassent**	*they send/sent*

Le public attendait que les choristes **chantassent** une aria de Bach.	*The public was waiting for the members of the choir **to sing** a Bach aria.*

Note that in modern French the **subjonctif imparfait** is usually replaced by the **subjonctif présent**:

Le public attendait que les choristes **chantent** une aria de Bach.	*The public was waiting for the members of the choir **to sing** a Bach aria.*

The third person singular of the **subjonctif imparfait** is sometimes seen in modern French journalism and literature. But it is hardly ever heard in spoken French. It simply doesn't sound right anymore.

Le public attendait que la soprano **chantât** une aria de Bach.	*The audience was waiting for the soprano to sing a Bach aria.*

Now, let's conjugate the **subjonctif imparfait** verbs in **-ir**:

partir (to leave)

je partisse	*I leave/left*	**nous partissions**	*we leave/left*
tu partisses	*you leave/left*	**vous partissiez**	*you leave/left*
il/elle partît	*he/she leaves/left*	**ils/elles partissent**	*they leave/left*

finir (to finish, to end)

je finisse	*I finish(ed)*	**nous finissions**	*we finish(ed)*
tu finisses	*you finish(ed)*	**vous finissiez**	*you finish(ed)*
il/elle finît	*he/she finishes/finished*	**ils/elles finissent**	*they finish(ed)*

Le Conseil d'administration souhaitait que deux des membres **partissent** immédiatement.	*The Board wanted two of the members **to leave** immediately.*

In modern French:

Le Conseil d'administration souhaitait que deux des membres **partent** immédiatement.	*The Board wanted two of the members **to leave** immediately.*

However, the third person singular would not seem unusual in modern French journalism or literature:

Le Conseil d'administration souhaitait que le trésorier **partît** immédiatement.	*The Board wanted the treasurer **to leave** immediately.*

Now, let's conjugate the **subjonctif imparfait** verbs in **-re**:

prendre (to take)

je prisse	*I take/took*	**nous prissions**	*we take/took*
tu prisses	*you take/took*	**vous prissiez**	*you take/took*
il/elle prît	*he/she takes/took*	**ils/elles prissent**	*they take/took*

Il aurait voulu que ses enfants **prissent** plus de temps pour faire leurs devoirs.	*He would have liked his children **to take** more time to do their homework.*

In modern French:

Il aurait voulu que ses enfants **prennent** plus de temps pour faire leurs devoirs.	*He would have liked his children **to take** more time to do their homework.*

And in the third person singular:

Il aurait voulu que son fils **prît** plus de temps pour faire se devoirs.	*He would have liked his son **to take** more time to do his homework.*

As you can tell, the unusual sounds of the **subjonctif imparfait** require some care. Let's look at some other irregular verbs, along with **être** and **avoir**.

Here are the **subjonctif imparfait** verbs in -**oir**:

voir (*to see*)

je visse	*I see/saw*	**nous vissions**	*we see/saw*
tu visses	*you see/saw*	**vous vissiez**	*you see/saw*
il/elle vît	*he/she sees/saw*	**ils/elles vissent**	*they see/saw*

Il aurait tant voulu que vous le **vissiez** sur sa nouvelle chaise Louis XV.
*He would have liked so much for you to **see** him on his new Louis Quinze chair.*

The issue here is the possible confusion between verb forms that have the same sound. The infinitive **visser** means to *screw on, to screw down*. Thus, the sentence above could mean: *He would have liked so much for you to screw him down on his new Louis Quinze chair.* Obviously, it is better to use the **subjonctif présent** in this sentence:

Il aurait tant voulu que vous le **voyiez** sur sa nouvelle chaise Louis XV.
*He would have liked so much for you to **see** him on his new Louis Quinze chair.*

In formal language, the third person singular **on** can be used; this avoids the sound confusion between **voir** and **visser**:

Il aurait tant voulu qu'on le **vît** sur sa nouvelle chaise Louis XV.
*He would have liked so much **to be seen** on his new Louis Quinze chair.*

The verb **savoir** (*to know*) should also be used carefully, as the **subjonctif imparfait** sounds like the verb **sucer** (*to suck*):

Felix, arrête de **sucer** ton pouce! Tu es trop grand pour ça!
*Felix, stop **sucking** your thumb, you are too old for that!*

To place Felix's predicament in context, let's look at the **subjonctif imparfait** forms of **savoir**:

savoir (*to know*)

je susse	*I know/knew*	**nous sussions**	*we know/knew*
tu susses	*you know/knew*	**vous sussiez**	*you know/knew*
il/elle sût	*he/she knows/knew*	**ils/elles sussent**	*they know/knew*

Now we will conjugate some verbs in the **subjonctif imparfait** that you may, for example, encounter in a novel or other prose work:

vivre (*to live*)

je vécusse	*I live(d)*	**nous vécussions**	*we live(d)*
tu vécusses	*you live(d)*	**vous vécussiez**	*you live(d)*
il/elle vécût	*he/she lives/lived*	**ils/elles vécussent**	*they live(d)*

aller (to go)

j'allasse	*I go/went*	nous allassions	*we go/went*
tu allasses	*you go/went*	vous allassiez	*you go/went*
il/elle allât	*he/she goes/went*	ils/elles allassent	*they go/went*

être (to be)

je fusse	*I am/was*	nous fussions	*we are/were*
tu fusses	*you are/were*	vous fussiez	*you are/were*
il/elle fût	*he/she is/was*	ils/elles fussent	*they are/were*

avoir (to have)

j'eusse	*I have/had*	nous eussions	*we have/had*
tu eusses	*you have/had*	vous eussiez	*you have/had*
il/elle eût	*he/she has/had*	ils/elles eussent	*they have/had*

Identical or not?

You may have noticed that the **subjonctif imparfait** and the **passé simple** in the third person singular—the conjugated form most commonly used—look quite similar, except for the circumflex accent. As you can see from the list of typical verbs below, you will need to be careful in distinguishing them.

	PASSÉ SIMPLE	SUBJONCTIF IMPARFAIT	
avoir	il eut	il eût	*he had*
être	il fut	il fût	*he was*
faire	il fit	il fît	*he did*
venir	il vint	il vînt	*he came*
dire	il dit	il dît	*he said*
vouloir	il voulut	il voulût	*he wanted*
pouvoir	il put	il pût	*he could*
devoir	il dut	il dût	*he had to*
prendre	il prit	il prît	*he took*
voir	il vit	il vît	*he saw*
vivre	il vécut	il vécût	*he lived*
recevoir	il reçut	il reçût	*he received*
peindre	il peignit	il peignît	*he painted*
joindre	il joignit	il joignît	*he joined*
naître	il naquit	il naquît	*she was born*
convaincre	il convainquit	il convainquît	*he convinced*
valoir	il valut	il valût	*it was worth*
falloir	il fallut	il fallût	*it was necessary*

Mettre les verbes entre parenthèses au subjonctif imparfait.

1. Aurélie attendit qu'il (partir).

   _____

2. Loïc voulait que son frère cadet (joindre) le parti.

   _____

3. Jade aurait préféré qu'il (ne pas faire) le voyage en train.

   _____

4. Lola aurait voulu qu'il (peindre) le paysage normand.

   _____

5. Yasmine craignait qu'il (devoir) annuler le rendez-vous.

   _____

6. Émerik aurait aimé que son patron (comprendre) ses intentions.

   _____

7. Arthur parlait sans que son neveu (prendre) la peine de l'écouter.

   _____

8. Non que Julien (ne pas être) un bon parti, Laure ne l'aimait pas.

   _____

9. Il n'y aurait que cette décision qu'il (valoir) la peine de prendre.

   _____

10. Il aurait fallu que Pierre-Louis (vivre) plus longtemps pour résoudre l'énigme.

    _____

Remplacer les verbes au subjonctif imparfait par le subjonctif présent.

1. Il aurait tant voulu qu'on le comprît.

   _____

2. Elle attendait que l'audience se terminât.

   _____

3. Bien qu'il fût d'humeur changeante, tout le monde l'aimait.

   _____

4. Il était plus que nécessaire qu'il fît des changements.

   _____

5. Elle fit tout pour que sa fille obtînt son diplôme.

   _____

6. Mélanie aurait tant souhaité que sa belle-mère fût moins distante.

   _____

7. Il aurait voulu que sa sœur jumelle peignît son portrait.

   _____

8. Il fallait qu'il fût présentable pour rencontrer son nouvel associé.

   _____

9. Le public attendait que le ténor chantât Rigoletto.

   _____

10. Les citoyens auraient voulu que leur délégué convainquît le comité.

   _____

Relever dans le paragraphe suivant les verbes au passé simple et ceux au subjonctif imparfait.

J'avais dès longtemps remarqué que pour les mœurs il est besoin quelquefois de suivre des opinions qu'on sait fort incertaines, tout de même que si elles étaient indubitables, ainsi qu'il a été dit ci-dessus: mais pour ce qu'alors je désirais vaquer seulement à la recherche de la vérité, je pensai qu'il fallait que je fisse tout le contraire, et que je rejetasse comme absolument faux tout ce en quoi je pourrais imaginer le moindre doute, afin de voir s'il ne resterait point après cela quelque chose en ma créance qui fût entièrement indubitable. Ainsi, à cause que nos sens nous trompent quelquefois, je voulus supposer qu'il n'y avait aucune chose qui fût telle qu'ils nous la font imaginer; et pour ce qu'il y a des hommes qui se méprennent en raisonnant, même touchant les plus simples matières de géométrie, et y font des paralogismes, jugeant que j'étais sujet à faillir autant qu'aucun autre, je rejetai comme fausses toutes les raisons que j'avais prises auparavant pour démonstrations ; et enfin, considérant que toutes les mêmes pensées que nous avons étant éveillés nous peuvent aussi venir quand nous dormons sans qu'il y en ait aucune pour lors qui soit vraie, je me résolus de feindre que toutes les choses qui m'étaient jamais entrées en l'esprit n'étaient non plus vraies que les illusions de mes songes. Mais aussitôt après je pris garde que, pendant que je voulais ainsi penser que tout était faux, il fallait nécessairement que moi, qui le pensais, fusse quelque chose: et remarquant que cette vérité, *je pense, donc je suis*, était si ferme et si assurée que toutes les extravagantes suppositions des sceptiques n'étaient pas capables de l'ébranler, je jugeai que je pouvais la recevoir sans scrupule comme le premier principe de la philosophie.

—Descartes, *Discours de la méthode* (1637),
Quatrième partie

Passé simple:

_____

Subjonctif imparfait:

_____

The **subjonctif plus-que-parfait**

Like the **subjonctif passé** you studied in Chapter 1, the **subjonctif plus-que-parfait** enables us to express thoughts and feeling about the past—in this case a more distant past. Just like the **subjonctif imparfait**, the **subjonctif plus-que-parfait** is used primarily in literature and scholarly writing. Don't worry, you'll never have to speak or write it. However, it is important to be able to recognize it, to understand its meaning, and not to confuse it with the **conditionnel passé deuxième forme**, another literary tense, which is used with *si* clauses and conjugated exactly like the **subjonctif plus-que-parfait**.

The **subjonctif plus-que-parfait** replaces the **subjonctif passé** in a dependent clause when the main clause is in the *past* and the action in the dependent clause takes place *anterior to* (*before*) the action in the main clause. The **subjonctif plus-que-parfait**, like all compound tenses, is composed of two parts: the **subjonctif imparfait** of **être** or **avoir** plus the past participle. The rules for conjugating with **être** or **avoir** are the same as those you learned for the **passé composé**. So is the agreement in gender and number.

Let's conjugate the following verbs:

rêver (*to dream*)

j'eusse rêvé	*I (had) dreamt*	**nous eussions rêvé**	*we (had) dreamt*
tu eusses rêvé	*you (had) dreamt*	**vous eussiez rêvé**	*you (had) dreamt*
il/elle eût rêvé	*he/she (had) dreamt*	**ils/elles eussent rêvé**	*they (had) dreamt*

voyager (*to travel*)

j'eusse voyagé	*I (had) traveled*	**nous eussions voyagé**	*we (had) traveled*
tu eusses voyagé	*you (had) traveled*	**vous eussiez voyagé**	*you (had) traveled*
il/elle eût voyagé	*he/she (had) traveled*	**ils/elles eussent voyagé**	*they (had) traveled*

aller (*to go*)

je fusse allé(e)	*I went/had gone*	**nous fussions allé(e)s**	*we went/had gone*
tu fusses allé(e)	*you went/had gone*	**vous fussiez allé(e)(s)**	*you went/had gone*
il/elle fût allé(e)	*he/she went/had gone*	**ils/elles fussent allé(e)s**	*they went/had gone*

se marier (*to get married*)

je me fusse marié(e)	*I (had) married*	**nous nous fussions marié(e)s**	*we (had) married*
tu te fusses marié(e)	*you (had) married*	**vous vous fussiez marié(e)(s)**	*you (had) married*
il/elle se fût marié(e)	*he/she (had) married*	**ils/elles se fussent marié(e)s**	*they (had) married*

When to use these tenses

Here are examples of sentences in the **subjonctif plus-que-parfait** that you might find in an older publication, followed by their more modern counterparts.

Older style:

Ils attendaient que tous les ouvriers **eussent terminé** le travail.	*They were waiting for all the workers **to have completed** their work.*
Je doutais qu'elle **eût** jamais **aimé** Maxime.	*I doubted she ever **loved** Maxime.*
Il aurait voulu qu'Alexandra **se fût mariée** avec son cousin.	*He would have liked Alexandra **to have married** his cousin.*

In modern French:

Ils attendaient que tous les ouvriers **aient terminé** le travail.	*They were waiting for all the workers **to have completed** their work.*
Je doutais qu'elle **ait** jamais **aimé** Maxime.	*I doubted she ever **loved** Maxime.*
Il aurait voulu qu'Alexandra **se soit mariée** avec son cousin.	*He would have liked Alexandra **to have married** his cousin.*

Here is an example of the **conditionnel passé deuxième forme**. Note that it has the same spelling but a different *meaning* from the **subjonctif plus-que-parfait**. This too remains a literary, historical form you simply need to recognize. You won't be using it in conversation, unless you want to indulge in satire.

Si le roman **eût été** mieux **écrit**, il **eût joui** d'un plus grand succès.	*Had the novel **been** better **written**, it **would have enjoyed** a greater success.*
Si nous **eussions su**, nous n'**eussions** rien **dit**.	*Had we **known**, we **would not have said** anything.*

EXERCICE

8·4

Remplacer les verbes au subjonctif imparfait par le subjonctif passé.

1. Les chercheurs regrettaient que les subventions ne leur eussent pas été accordées.

_____

2. Il partit sans que nous eussions pu lui dire au revoir.

_____

3. Les citoyens auraient voulu que le dictateur n'eût pas été soutenu par l'armée.

   _____

4. Erwan était content que son meilleur ami eût reçu la Légion d'honneur.

   _____

5. Elle démissionna sans que ses patrons eussent pu la convaincre de rester.

   _____

6. Il était inadmissible que le traité eût été signé dans la nuit à l'insu de tous.

   _____

7. Le conservateur du Louvre décrocha un tableau sans que personne ne s'en fût aperçu.

   _____

8. Nous aurions préféré que ces archives historiques eussent été mises à la disposition du public.

   _____

9. L'évêque de Tours aurait préféré que le Vatican n'eût pas fait ces réformes.

   _____

10. Le patron de *Libération* aurait voulu que le Conseil d'administration eût été plus raisonnable.

   _____

Relever dans le fragment d'un discours de Paul Valéry, les verbes au passé simple, au subjonctif imparfait et au subjonctif plus-que-parfait.

M. Paul Valéry, ayant été élu par l'Académie française à la place laissée vacante par la mort de M. Anatole France, y est venu prendre séance le 23 juin 1927, et a prononcé son discours de réception dont voici un passage:

«La situation était peut-être plus difficile encore à l'époque où votre confrère fit ses débuts dans la vie. Le siècle se montrait aussi incapable de renoncer à la multiplication des lettrés que de leur assigner des moyens d'existence. Que d'amertumes alors! que de tristesses! que de vies manquées! appelées à la plus haute culture et vouées, du même coup, au dénuement ou aux besognes les plus basses. Il arrivait que les diplômes fussent des garanties de malheur et des recommandations à la détresse. [...] Mais qu'est-ce qu'un esprit de qui les pensées ne s'opposent aux pensées, et qui ne place son pouvoir de penser au-dessus de toute pensée? [...]

«Je sais bien ce que l'on dit. On ne s'est pas privé de murmurer, et même d'articuler assez nettement—qu'il dut beaucoup de ses vertus actives, qui n'étaient point, semble-t-il, dans sa nature assez facile et négligente, à une tendre et pressante volonté, à une présence impérieusement favorable à sa gloire, qui veilla longtemps sur son travail, qui animait, dit-on, protégeait son esprit, le défendait d'être dissipé aux divertissements du monde, et qui obtint de lui qu'il tirât de soi-même tous les trésors qu'il eût aisément ignoré qu'il possédât, ou qu'il eût négligés de jour en jour, pour se réduire avec délices à jouir des beautés qui se trouvent tout accomplies aux bibliothèques et aux musées. Mais quand il serait vrai, et quand on pourrait établir qu'une assez grande partie de son œuvre fût demeurée en puissance sans la douce fermeté de cette affectueuse discipline, ce n'est que la malice toute seule qui pourrait en tirer avantage.»

Passé simple:

_____

Subjonctif imparfait:

_____

Subjonctif plus-que-parfait:

_____

We can work it out

Comprehensive exercises

Mettre les verbes entre parenthèses au subjonctif présent.

1. Guillaume préfère que tout le monde (être) là avant d'annoncer la nouvelle.

   _____

2. Appoline souhaite que sa pièce (avoir) beaucoup de succès.

   _____

3. Céleste craint que Marcel (ne pas pouvoir) animer le cercle littéraire aujourd'hui.

   _____

4. Adèle est contente que son père (aller) avec elle en Bretagne.

   _____

5. Je doute que vos menaces (pouvoir) intimider nos journalistes.

   _____

6. Geoffroy doute que ces logiciels (être) compatibles.

   _____

7. Je doute que vous (pouvoir) conserver votre anonymat.

   _____

8. Tristan exige que vous (rester) jusqu'à vendredi.

   _____

9. Marc-Antoine souhaite que vous (suivre) ce cours d'écriture créative en ligne.

_____

10. Nedjma désire que vous (restaurer) les tableaux de sa mère.

_____

11. Le préfet a interdit que vous (organiser) une manifestation dans le vingtième.

_____

12. Ludovic est déçu que son copain (aller) dans une autre université que la sienne.

_____

13. Je suis ravie que vous (passer) du temps à lire chaque jour dans les Arènes de Lutèce.

_____

14. Je voudrais bien que tu (sortir) les poubelles ce soir.

_____

15. Certains aimeraient qu'Albert Camus (être) au Panthéon.

_____

16. Que veux-tu que je (faire)?

_____

17. Nous regrettons qu'il y (avoir) tant de problèmes dans ce secteur.

_____

18. Elle ne pense pas qu'il (savoir) ce qui s'est passé.

_____

19. Je ne crois pas que la réforme de l'immigration (faire) l'unanimité.

_____

20. Ils ne sont pas convaincus qu'Émilien (dire) vraiment ce qui lui est arrivé.

_____

Mettre les verbes entre parenthèses à l'indicatif ou au subjonctif.

1. Béranger est désolé que cette œuvre (ne pas être) signée.

   _____

2. La reine a décrété que tout son entourage (assister) au bal masqué ce soir.

   _____

3. Nous sommes tristes que vous (quitter) Mâcon. Bonne chance!

   _____

4. Monsieur le Président, nous aimerions que vous (ne pas augmenter) nos impôts!

   _____

5. Marine voudrait que sa mère et elle (faire) une croisière dans la Caraïbe.

   _____

6. Admettriez-vous qu'ils y (aller) sans vous?

   _____

7. Thomas dit que votre site Web (être) très bien conçu.

   _____

8. Irène est furieuse que vous (refuser) de lire son manuscrit.

   _____

9. J'admets que tu (avoir) raison.

   _____

10. Marie est contente que la piscine (être) ouverte tard ce soir.

    _____

11. Oscar est bien décidé à ce que son ex-associé (ne plus jamais revenir) ici.

    _____

12. Je ne peux pas admettre que vous (mentir) avec une telle impunité.

    _____

13. On espère qu'il (aller) bien.

_____

14. Je comprends très bien que son témoignage (être) indispensable.

_____

15. Savez-vous que le gouvernement (avoir) l'intention de rénover l'île Seguin?

_____

16. Élise s'oppose à ce que vous (acheter) ce terrain dans le Luberon.

_____

17. Notre comité n'approuve pas que vous (bénéficier) de tant d'avantages.

_____

18. Je n'admets pas que tu (se conduire) ainsi en public.

_____

19. Contestent-ils qu'ils (cambrioler) la maison du notaire?

_____

20. Je ne dis pas qu'ils (avoir) tort.

_____

_____

EXERCICE
9·3

Mettre les verbes entre parenthèses à l'indicatif ou au subjonctif.

1. Il est urgent que le syndicat (prendre) des mesures drastiques.

_____

2. Il est dommage que vous (ne pas pouvoir) vous connecter à Internet à la campagne.

_____

3. Il est évident que cette tablette numérique (être) la meilleure.

_____

4. Il me semble qu'ils (aller) mieux.

_____

5. Il vaudrait mieux que tu (avoir) une imprimante laser plus performante.

_____

6. Il est bizarre que je (ne pas pouvoir) graver ce CD.

_____

7. Il est incontestable que (être) l'un des meilleurs ouvriers.

_____

8. Il est rare que les banquiers vous (faire) des faveurs.

_____

9. Il arrive que sa messagerie (être) pleine.

_____

10. Il est certain qu'ils (avoir) des points communs.

_____

11. Il est regrettable que leurs enfants (être) si peu reconnaissants.

_____

12. Il y a peu de chances que ces enfants (être) jamais scolarisés.

_____

13. Il est indispensable que vous (faire) quelque chose pour enrayer la corruption.

_____

14. Il est logique que son homologue brésilien (être) présent à la réunion de l'UNESCO.

_____

15. Il est incroyable qu'ils (parvenir) à fidéliser leur clientèle ainsi.

_____

16. Il est naturel que tu (avoir) des doutes à son sujet.

_____

17. Il est grand temps que vous (dénoncer) ce régime oppressif.

_____

18. Il faut que vous (nettoyer) la maison avant leur arrivée.

_____

19. Il est essentiel qu'ils (faire) table rase et qu'ils (recommencer) à zéro.

_____

20. Il est peu probable qu'il (réussir) à mettre en place ce dispositif.

_____

EXERCICE
9·4

Mettre les verbes entre parenthèses au subjonctif présent.

1. Quoique vous (aimer) bricoler, vous n'êtes pas très doué.

_____

2. Le prince s'est enfui de crainte qu'on le (mettre) en prison.

_____

3. Bien que Florian (être) au chômage depuis un mois, il ne déprime pas trop.

_____

4. N'envoyez pas ces documents avant que je les (voir)!

_____

5. Autant que je (savoir), le coût de la vie ne cesse de grimper.

_____

6. Bien qu'ils (être) au bord de la faillite, ils dépensent sans compter.

   _____

7. Pourvu que vous (parvenir) à un accord!

   _____

8. Il a légué sa fortune à une fondation sans que sa famille le (savoir).

   _____

9. L'affaire n'est pas assez importante pour que vous en (parler) pendant le colloque.

   _____

10. Quoique ce restaurant (être) branché, la cuisine est infecte!

    _____

11. Elle téléchargera tous les fichiers pertinents avant que vous (arriver) à Paris.

    _____

12. Vérifiez le stock avant que nous (commander) plus de marchandise!

    _____

13. Parlez dans le micro de sorte que tout le monde vous (entendre)!

    _____

14. J'ai un blog pour que vous, les écrivains, (afficher) vos commentaires.

    _____

15. Nous avons annulé le rendez-vous de peur qu'il y (avoir) une tempête de neige.

    _____

16. Je lui prêterai mon vélo à condition qu'il me (rendre) un service.

    _____

17. Anne lui prêtera de l'argent pour qu'elle (pouvoir) acheter une caméra numérique.

    _____

18. Nous passerons chez Raoul pour que tu (pouvoir) lui dire bonjour.

    _____

19. Il a installé un système d'alarme pour que sa maison (être) mieux protégée.

    _____

20. Autant que je le (savoir), son projet est voué à l'échec.

    _____

EXERCICE
9·5

Mettre les verbes entre parenthèses au subjonctif présent.

1. Quoi que la presse (dire), ils restent sceptiques.

   _____

2. Quelle que (être) la marque, achetez un flacon de parfum pour Juliette.

   _____

3. D'où que vous (venir), vous ne serez jamais un étranger chez eux.

   _____

4. Qui que vous (être), aidez-nous!

   _____

5. Quelle que (être) votre décision, nous vous soutiendrons.

   _____

6. Quoi qu'ils (faire), ce n'est jamais assez.

   _____

7. Quelles que (être) vos revendications, envoyez-les-nous par écrit.

   _____

8. Quoi qu'il (penser), ne te fais pas de soucis.

   _____

9. Quelle que (être) la difficulté, nous trouverons une solution.

_____

10. Quoi qu'on en (dire), ce vin n'est pas mauvais du tout.

_____

11. Quoi que vous (lire), prêtez-moi vos livres une fois que vous aurez terminé.

_____

12. Quel que (être) votre point de vue, je ne changerai pas d'avis.

_____

13. Quel que (être) votre vrai nom, j'aime bien votre nom de plume.

_____

14. Quel que (être) le temps, nous passerons nos vacances en Irlande.

_____

15. Quoi qu'il (mange), il ne prend jamais un gramme.

_____

16. Quelles que (être) les causes de la panne, nous résoudrons le problème.

_____

17. Quelque ludoéducative (être) cette activité, elle n'est pas à la portée de nos élèves.

_____

18. Où que tu (aller), Jérôme te suivra.

_____

19. Quelles que (être) vos différences d'opinion, vous devez travailler ensemble.

_____

20. Quelle que (être) votre implication dans l'affaire, vous devez nous dire ce que vous savez.

_____

Mettre les verbes entre parenthèses au subjonctif présent.

1. C'est le seul endroit où elle (écrire) jour et nuit.

   _____

2. C'est la moindre des choses qu'on (pouvoir) faire.

   _____

3. Notre société cherche un graphiste qui (être) spécialisé dans le multimédia.

   _____

4. C'est le plus grand musée que je (connaître).

   _____

5. Je cherche un appartement à La Baule qui (avoir) une vue sur la mer.

   _____

6. C'est la seule chanson qu'il (savoir) par cœur.

   _____

7. Y a-t-il quelqu'un ici qui (pouvoir) me renseigner?

   _____

8. Tu es la seule personne à qui je (faire) entièrement confiance.

   _____

9. Nous cherchons une antenne parabolique qui (être) fiable.

   _____

10. Il n'y a personne qui (avoir) une meilleure idée?

   _____

Mettre les verbes entre parenthèses au subjonctif passé.

1. Elle ne croit pas que tu (lire) tout son livre.

   _____

2. Son père est content qu'il (réussir) à toutes les épreuves de l'examen.

   _____

3. Nous avons peur que quelque chose leur (arriver).

   _____

4. Les avocats redoutent qu'un employé (jeter) tous les dossiers à la poubelle.

   _____

5. Elle est triste que toute cette histoire (se terminer) mal.

   _____

6. On a peur qu'ils (ne pas survivre) à la catastrophe.

   _____

7. On soupçonne que les témoins (être) manipulés.

   _____

8. Tu es déçu qu'elle (perdre) la compétition de natation?

   _____

9. Vous doutez que le porte-parole de l'Élysée (rapporter) les chiffres exacts?

   _____

10. On craint que cet écrivain français (plagier) un célèbre écrivain américain.

   _____

Mettre les verbes entre parenthèses au subjonctif passé.

1. Il est étonnant que les Nations Unies (ne pas intervenir).

   _____

2. Il est triste que ces langues (disparaître).

   _____

3. Il est regrettable qu'une telle rumeur (se propager).

   _____

4. Il est curieux que cette exposition (ne pas connaître) plus de succès.

   _____

5. Il est incroyable qu'il (être) si misogyne tout au long de sa vie.

   _____

6. Il est scandaleux que l'État (vendre) cet hôtel particulier en plein Paris.

   _____

7. Il est normal que Caroline (être) indemnisée par son assureur.

   _____

8. Il est drôle que ces oiseaux (s'installer) dans cette région depuis quelques mois.

   _____

9. Il se peut que son ego surdimensionné (déclencher) la dispute.

   _____

10. Il est logique que cet ouvrier (défendre) ses droits.

   _____

Mettre les verbes entre parenthèses au subjonctif imparfait.

1. Elle aurait préféré qu'il (rester) chez lui.

   _____

2. Ils voulaient que leur nièce (s'installer) près de chez eux.

   _____

3. Bien qu'il (aller) à la messe chaque dimanche, le prêtre doutait de sa foi.

   _____

4. Elle doute que sa fille (aimer) vraiment Hugo.

   _____

5. Il aurait fallu que le président (poser) son veto.

   _____

6. Ils attendirent que le train (partir).

   _____

7. Il aurait voulu que le maire (empêcher) la démolition de l'immeuble.

   _____

8. Nous craignions qu'il (prendre) froid sur le bateau.

   _____

9. Il n'y avait rien qui (pouvoir) changer le verdict.

   _____

10. Elles auraient voulu qu'il (être) un grand écrivain.

    _____

Traduire en utilisant *vous* si nécessaire.

1. The government wants you to pay more taxes.

   _____

2. Although she is a serious student, she is afraid of making mistakes.

   _____

3. Let's hope Aliette is right!

   _____

4. It is strange they forgot our meeting at noon.

   _____

5. I would like you to order this piece of software for me.

   _____

6. He is happy his children can study in Strasbourg.

   _____

7. He is cooking tonight so that you can rest.

   _____

8. He is the most intelligent person we have ever met.

   _____

9. It is surprising they are late.

   _____

10. It's about time you change strategy.

    _____

11. Whatever she does, she succeeds.

    _____

12. We want them to know the truth.

    _____

13. Go home before it rains!

_____

14. I would like you to come to Alsace with us.

_____

15. Although he is tired, he is reading the newspaper.

_____

16. As far as I know, they are well.

_____

17. I want her to sign the contract before Tuesday.

_____

18. Let her come!

_____

19. It is the most beautiful bridge I know of.

_____

20. Whatever your decisions, I'll support you.

_____

Words of wisdom

A sampling of the subjunctive in French literature and theater

As I mentioned in the introduction, there is no reason to be subjunctophobic. **Au contraire**, I hope that after having studied these nine chapters, you have become a true subjunctophile! You now have a sense of the nuances and subtleties of this mood in French. You know the rules. No more mystery. **Le subjonctif** is no longer a dusty and esoteric aspect of grammar. You will use it every day, you will hear it every day and you will read it in French newspapers, magazines, essays, novels, and poetry.

That's why I want to share with you quotations from journalism and excerpts from some of my favorite French authors. Read them; use your dictionary or an online dictionary such as WordReference.com. Look for further excerpts of these works on http://books.google.fr. And perhaps you'll want to read the whole book, essay, poem, or play. When you encounter **le subjonctif** in context—whether your tastes run to science, art, music, or literature—you will savor the words, master the forms, and retain them. Pure pleasure. So now start reading aloud:

Que les Haïtiens ne **soient** pas **écoutés**, c'est une évidence.

—Lionel Trouillot, *Le Monde*, 9 janvier 2011

§

Moi, je suis fatigué là, vraiment. Épuisé. Je n'ai pas beaucoup couru, mais nerveusement, ça a sûrement été l'un des matches les plus difficiles qu'on **ait eu** à jouer. Il a vraiment fallu aller puiser profond à la fin pour s'en sortir. [...] Vous devez vous rendre compte que l'équipe vit bien, qu'il y a une espèce de plaisir, de joie, de sérénité. Tout ça se passe bien, les journées s'enchaînent avec facilité, il n'y a pas besoin de recadrer **quoi que ce soit**.

—Claude Onesta, "Joueur de handball",
Le Monde Blogs, 31 janvier 2011

§

Oui, Michel, il faut que je **sache** comment tu m'aimes sinon qu'est-ce que moi je vais penser? [...] Ils [les oiseaux] voyagent beaucoup et chantent pour qu'il **fasse** toujours beau sur Terre.

—Alain Mabanckou, *Demain j'aurai vingt ans*,
@ Éditions Gallimard (2010)

§

Que tout **soit allé** si vite et se trouve désormais accompli. **Qu'**il y **ait eu** toute cette accumulation d'instants avant d'attendre la fin. Autour de lui, il cherchait quelqu'un qu'il **puisse** prendre à témoin de son étonnement. Et il n'y avait personne, bien sûr.

—Philippe Forest, *Le Siècle des nuages*,
@ Éditions Gallimard (2010)

§

J'ai toujours pensé
que c'était le livre qui franchissait
les siècles pour parvenir à nous.
Jusqu'à ce que je **comprenne**
en voyant cet homme
que c'est le lecteur qui fait le déplacement.

—Dany Laferrière, *L'énigme du retour*,
Grasset (2009)

§

Une petite localité au centre du pays. Je m'y suis rendu. Seul. Il m'a fallu du temps pour repérer quelqu'un qui me **fasse confiance** et qui **se souvienne de** cette nuit.

—Gary Victor, *Treize nouvelles vaudou*,
Mémoire d'encrier (2007)

§

Ils poussent les pions avec un enthousiasme sans pareil. Peut-être pour échapper à la fatalité? Peut-être pour oublier hier? La mémoire du pays est celle de l'oubli. Un autre pays est déjà en train de naître **sans qu'**on **s'en aperçoive**.

—Rodney Saint-Éloi, *Haïti Kenbe la!*,
Michel Lafon (2010)

§

Il rêvait d'un borsalino. Je ne crois pas qu'il en **ait eu** un vrai… peut-être une copie.

—Éric Forrorino, *Question à mon père*,
@ Éditions Gallimard (2010)

§

Le 30 décembre 1957

Le train entra en gare de Guang-Ning. Mugissements de la sirène. Grincements des freins. Quelques secousses brutales.

Avant même **que** le train ne **s'arrêtât** complètement, les voyageurs se pressaient devant les portières avec cette fièvre qui marque la fin d'un long voyage.

—Wei-Wei, *La couleur du bonheur*,
L'Aube (1996)

§

Il voulait juste que nous **nous gavions** de mangues, que nous **mordions** dans ces fruits en faisant gicler leur jus […].

—Kim Thuy, *Rú*, Éditions Liana Levi (2009)

§

Je ne suis pas sûre que ce **soit** le lieu pour en parler. Cela manque de discrétion! Et nos affaires de famille en imposent. Nos affaires mais aussi les tiennes, Louise… Berthon.

—Aliette Armel, *Pondichéry, à l'aurore*,
Le Passage (2010)

§

Je suis resté dans la voiture comme ça. Et alors tout à coup j'ai été heureux que la voiture **soit** bloquée dans la neige, que je ne **puisse** plus bouger, plus du tout.

—Laurent Mauvignier, *Des hommes*,
Éditions de Minuit (2009)

§

Bien qu'elle **sût** que c'était inutile s'il se trouvait en cet instant dans une salle de cinéma, elle composa le numéro de portable de Jakob.

—Marie NDiaye, *Trois femmes puissantes*,
@ Éditions Gallimard (2009)

§

—Combien de temps avez-vous?
—Il faut que je **réunisse** le maximum de renseignements avant demain soir.

—Jean-Christophe Rufin, *Katiba*,
Flammarion (2010)

§

Je n'ai pas souhaité d'autre enfant. Je voulais que mon garçon **ait** toutes les chances, concentrer toutes mes forces sur lui—comme faisaient les autres mères dont les fils arrivaient.

—Gilles Leroy, *Zola Jackson*,
Mercure de France (2010)

§

«Que veux-tu que j'y **fasse?**» répondit-elle sans lever les yeux. «Je suis pas responsable de ce genre de choses.» [...] **Quoi qu'**il en **soit,** personne ne les avait vus sortir ensemble, ce soir-là, cette fameuse Barbara et lui. [...] Cela avait-il à voir avec **le fait que** Richard **se trouvât** à la tête du département de littérature et que Marc **fût** sous ses ordres?

—Philippe Djian, *Incidences*,
@ Éditions Gallimard (2010)

§

J'avais envie de le dire à Hélène mais je craignais que cet enthousiasme **soit** déplacé. [...] Debout à côté de Patrice qui félicitait son beau-frère, j'ai eu peur qu'il **dise** que j'étais là. [...] Il se peut que leur dossier **ait été déclaré** irrecevable et qu'ils **contestent** cette décision.

—Emmanuel Carrère, *D'autres vies que la mienne*,
P.O.L (2009)

§

Je tourne une page de l'album; maman tient dans ses bras un bébé qui n'est pas moi; je porte une jupe plissée, un béret, j'ai deux ans et demi, et ma sœur vient de naître. J'en fus, paraît-il, jalouse, mais pendant peu de temps. **Aussi loin que** je **m'en souvienne**, j'étais fière d'être l'aînée; la première.

—Simone de Beauvoir,
Mémoires d'une jeune fille rangée,
@ Éditions Gallimard (1958)

§

C'est le seul âge où j'**aie connu** l'angoisse de la page blanche, mais il a duré des années d'enfance, c'est-à-dire des siècles.

—Amélie Nothomb, *Une forme de vie*,
Albin Michel (2010)

§

27 février
Au demeurant, Amélie n'éleva plus la moindre protestation. Il semblait qu'elle **eût réfléchi** pendant la nuit et **pris** son parti de cette charge nouvelle; même elle y semblait prendre quelque plaisir et je la vis sourire après qu'elle eut achevé d'apprêter Gertrude.

—André Gide, *La symphonie pastorale*,
@ Éditions Gallimard (1919)

§

Tchen tenterait-il de lever la moustiquaire? Frapperait-il au travers? [...] Bêtement: car il savait qu'il le tuerait. Pris ou non, exécuté ou non, peu importait. Rien n'existait que ce pied, cet homme qu'il devait frapper **sans qu'**il **se défendît**, —car, s'il se défendait, il appellerait.

—André Malraux, *La condition humaine*,
@ Éditions Gallimard (1933)

§

Quoi qu'il en **fût**, Gwynplaine était admirablement réussi.

Gwynplaine était un don fait par la providence à la tristesse des hommes. Par quelle providence? Y a-t-il une providence Démon comme il y a une providence Dieu? Nous posons la question sans la résoudre.

Gwynplaine était un saltimbanque. Il se faisait voir en public. Pas d'effet comparable au sien. Il guérissait les hypocondries rien qu'en se montrant.

—Victor Hugo, *L'Homme qui rit* (1869)

§

[...] pour le bonheur qui dure je doute qu'il y **soit** connu. À peine est-il dans nos plus vives jouissances un instant où le cœur **puisse** véritablement nous dire: *Je voudrais que cet instant **durât** toujours*; et comment peut-on appeler bonheur un état fugitif qui nous laisse encore le cœur inquiet et vide, qui nous fait regretter quelque chose avant, ou désirer encore quelque chose après?

—Jean-Jacques Rousseau,
Les rêveries du promeneur solitaire,
Publication posthume (1782)

§

Il **avait beau** porter de bonnes chaussures de marche, des Galibier, ses chaussettes étaient trempées [...]

—Philippe Djian, *Incidences*,
@ Éditions Gallimard (2010)

§

Elle **a eu beau** interroger ses tantes, ses oncles, toi, tous ceux qui l'ont connue, elle n'a eu aucune réponse.

—Ananda Devi, *Le sari vert*,
@ Éditions Gallimard (2009)

§

[...] j'**ai beau** aller trois fois par semaine chez le psychanalyste, je vois de moins en moins de raison **pour que** ça **change**.

—Emmanuel Carrère, *Un roman russe*, P.O.L (2007)

§

J'**avais beau** le maintenir tout au fond depuis des années, j'**avais beau** l'étouffer, le forcer à se tapir, il remontait.

—Olivier Adam, *Le cœur régulier*,
Éditions de l'Olivier (2010)

§

[...] Georges Diderot **avait beau** être une légende, il avait vieilli... [...]

—Maylis de Kerangal, *Naissance d'un pont*,
Verticales (2010)

§

Mais elle **avait beau** faire, aucun des mots qu'elle a prononcés n'est venu se loger dans mon cerveau. [...] et l'acteur élastique **a eu beau** déployer toute l'étendue de son génie comique, personne n'a ri.

—Olivier Adam, *À l'abri de rien*,
Éditions de l'Olivier (2007)

§

Je voulais que les villes **fussent** splendides, aérées, arrosées d'eaux claires, peuplées d'êtres humains dont le corps ne **fût** détérioré ni par les marques de la misère ou de la servitude, ni par l'enflure d'une richesse grossière; que les écoliers **récitassent** d'une voix juste des leçons point ineptes; que les femmes au foyer **eussent** dans leurs mouvements une espèce de dignité maternelle, de repos puissant; que les gymnases **fussent** fréquentés par des jeunes hommes point ignorants des jeux ni des arts; que les vergers **portassent** les plus beaux fruits et les champs les plus riches moissons.

—Marguerite Yourcenar, *Mémoires d'Hadrien*,
@ Éditions Gallimard (1951)

§

Mais aussitôt après je pris garde que, pendant que je voulais aussi penser que tout était faux, il fallait nécessairement que moi, qui le pensais, **fusse** quelque chose: et remarquant que cette vérité, je pense, donc je suis, était si ferme et si assurée que toutes les plus extravagantes suppositions des sceptiques n'étaient pas capables de l'ébranler, je jugeai que je pouvais la recevoir sans scrupule pour le premier principe de la philosophie que je cherchais.

—René Descartes, *Discours de la méthode*:
Les passions de l'âme,
Booking International (1649)

§

Encore une fois, nous voulions une philosophie qui **se soumît** au contrôle de la science et qui **pût** aussi la faire avancer.

—Henri Bergson, *La pensée et le mouvant*,
Presses Universitaires de France (1903)

§

And to end on a humorous note:

La célèbre tirade du nez dans *Cyrano de Bergerac*
Acte I, scène 4

LE VICOMTE: Vous... vous avez un nez... heu... un nez... très grand.

CYRANO (*gravement*): Très.

Le Vicomte (*riant*): Ha!

Cyrano (*imperturbable*): C'est tout?

Le Vicomte: Mais...

Cyrano: Ah! non! c'est un peu court, jeune homme!
On pouvait dire... Oh ! Dieu!... bien des choses en somme...
En variant le ton, —par exemple, tenez:

Agressif: «Moi, monsieur, si j'avais un tel nez,
Il faudrait sur-le-champ que je me l'**amputasse**!»

Amical: «Mais il doit tremper dans votre tasse!
Pour boire, faites-vous fabriquer un hanap!»

Descriptif: «C'est un roc !... c'est un pic!... c'est un cap!
Que dis-je, c'est un cap?... C'est une péninsule!»

—Edmond Rostand. Pièce écrite entre 1896 et 1897;
elle est jouée pour la première fois en 1897.

Je vous conseille de louer le film de Jean-Paul Rappeneau, *Cyrano de Bergerac* (1990) où Gérard Depardieu incarne Cyrano avec brio. Vous trouverez aussi cette tirade sur YouTube.

§

Yes, the subjunctive is alive and well! Enjoy it!

Answer key

1 It's just the beginning: The **subjonctif présent** and the **subjonctif passé**

1·1
1. nous comprenions
2. vous écriviez
3. tu choisisses
4. nous parlions
5. elle dise
6. nous finissions
7. vous doutiez
8. ils mangent
9. nous répondions
10. je relise
11. tu dormes
12. vous employiez
13. tu prennes
14. nous restions
15. vous cueilliez
16. nous nettoyions
17. nous nous écrivions
18. j'apprenne
19. vous balayiez
20. nous étudiions

1·2
1. Je suis content(e) que tu fasses du yoga.
2. Elle est désolée que vous ne vouliez pas suivre le cours d'art dramatique.
3. Ils sont furieux que tu sois en retard.
4. Il faut que tu y ailles.
5. Je doute qu'il ait les moyens d'acheter cette voiture.
6. Nous souhaitons que vous obteniez ce poste.
7. Je doute qu'il sache toute l'histoire.
8. Elle a peur que vous ne soyez pas prêt à l'heure.
9. Il faut qu'il finisse sa thèse.
10. Il est indispensable que vous sachiez ces conjugaisons.

1·3
1. Je suis surpris(e) que vous ayez vu Pierre dans ce restaurant.
2. Elle craint qu'il y ait eu un accident sur l'autoroute.
3. Il est dommage que tu aies attrapé la grippe.
4. Margot est contente que l'exposition vous ait plu.
5. Je ne crois pas qu'ils se soient reposés cet après-midi.
6. Tristan est ravi que tu aies voulu être son témoin.
7. Je suis tellement contente que tu aies rencontré nos amis à Lille.
8. Je doute qu'Adam se soit réveillé de bonne heure.
9. Il est bizarre qu'ils aient annulé le rendez-vous.
10. Elle ne croit pas qu'il ait eu le temps d'écrire l'article.

1·4
1. Je suis content(e) que vous soyez à Paris.
2. Ils (Elles) doutent qu'il puisse parler italien.
3. Je ne crois pas qu'il ait compris l'explication.
4. Il faut que vous arriviez avant dix heures.
5. Il est étrange qu'elle veuille vivre à Marseille.
6. Nous sommes heureux (heureuses) que vous puissiez rester jusqu'à vendredi.
7. Il est déçu que vous ayez oublié son anniversaire.
8. Je suis surpris(e) que vous vouliez être dentiste.
9. Ils (Elles) sont ravis que vous puissiez venir dimanche.
10. Je suis heureux (heureuse) que vous vous mariiez en août.

1·5
1. c   2. e   3. a   4. b   5. d

2   I've got feelings: The subjunctive after certain expressions or verbs

2·1
1. Alexis veut que vous le rémunériez mieux.
2. Nos voisins souhaitent que leur fille aille en France l'année prochaine.
3. Le patron exige que tu sois à l'heure tous les jours.
4. Certains aimeraient que George Sand soit au Panthéon.
5. Le roi veut que la mobilisation des troupes soit annulée demain.
6. Manon demande que ce chef pâtissier fasse son gâteau de mariage.
7. Que voulez-vous que je vous dise?
8. Le gouvernement a interdit que la manifestation ait lieu devant l'Hôtel Matignon.
9. J'interdis que vous et vos collaborateurs preniez la parole.
10. Les membres du syndicat contestent qu'il soit le meilleur candidat pour le poste.

2·2
1. Le patron est satisfait que vous soyez si efficace.
2. Les écologistes déplorent que le ministre prenne toujours de mauvaises décisions.
3. Elle sera désolée que tu ne puisses pas assister à son mariage.
4. Le commerçant regrette que les confitures Hédiard ne soient pas encore livrées.
5. Il est tellement excité que le Cirque du Soleil arrive demain.
6. Le maire de Toulouse se réjouit que sa ville ait de plus en plus de touristes.
7. Nous sommes ravis que Léa sache enfin la vérité.

8. Les ouvriers sont furieux que Michelin ferme leur usine.
9. Il a peur qu'elle ne se souvienne plus des détails.
10. Nous craignons que vous refusiez leur offre.

2·3
1. Félicie ne croit pas que *Le Colonel Chabert* soit à la bibliothèque.
2. Tristan sait que vous travaillez pour ses concurrents.
3. Le Conseil d'administration ne tient pas à ce que nous investissions notre argent ainsi.
4. Jacques croit que son ami Cédric ira en Europe l'été prochain.
5. Renaud pense que vous manquez d'objectivité.
6. Croyez-vous qu'il y ait de l'espoir?
7. Je doute que vous compreniez la gravité de la situation.
8. Lilly est furieuse que ses collègues aillent à Paris sans elle.
9. Il doute que ce soit une erreur.
10. Ils ne sont pas convaincus que Catherine Aubry puisse résoudre le conflit.

2·4
1. Nous sommes ravis que vous acceptiez notre invitation.
2. L'architecte aimerait que vous approuviez son plan de construction.
3. Elle doute que tu puisses terminer ta thèse d'ici la fin de l'année.
4. Le préfet d'Arles a interdit que les corridas aient lieu.
5. Pensez-vous qu'ils soient capables de faire une telle chose?
6. Elle ne croit pas que vous ayez les compétences requises.
7. Je suis désolé(e) que vous souffriez de rhumatismes.
8. Célie est convaincue que leurs partenaires signeront le contrat demain.
9. J'ai peur qu'il ne fasse pas ce qu'il faut.
10. Nous pensons que Grégoire est le candidat idéal.

2·5
1. Ophélie est heureuse que tu puisses étudier le français avec elle.
2. Ils veulent que tu signes le contrat.
3. Je ne crois pas qu'il dise la vérité.
4. Le roi demande que tu écrives une chanson pour lui.
5. Elle n'approuve pas que tu fumes au bureau.
6. Je doute qu'il vienne ce soir.
7. Je voudrais que tu fasses la cuisine pour nous demain.
8. Je pense qu'ils/elles ont raison.
9. J'ai peur qu'il en sache trop.
10. Louis est déçu que tu ne sois pas à la maison pour son anniversaire.

2·6
1. d   2. e   3. a   4. b   5. c

2·7
1. Les membres du comité envisagent que M. Benoît se joigne à eux.
2. Avez-vous envie que tout le monde se moque de vous?
3. Je rêve qu'un jour Louis soit élu président.
4. Il a honte que ses copains se comportent si mal envers Gabriel.
5. Je veux bien que vous participiez au concours.
6. Yanis est malheureux que tous ses copains aillent en pension l'année prochaine.
7. Amélie est choquée qu'on ne fasse rien pour résoudre le problème.

8. Les entreprises exigent de plus en plus que les ouvriers soient performants.
9. Il est dégoûté que les journalistes ne révèlent jamais toute la vérité.
10. Nous sommes indignés que ce ministre puisse toujours faire de telles déclarations.

2·8   1. Ludovic est content que l'entreprise ait approuvé sa proposition.
2. Je crains qu'ils aient attrapé un rhume.
3. Nous doutons que vous ayez réussi à le convaincre.
4. Elle ne croit pas qu'il ait pu commettre une telle erreur.
5. Les électeurs déplorent que le président ait posé son veto sur cette loi.
6. Les enfants sont déçus que vous n'ayez pas apporté de cadeaux.
7. Je doute que vous ayez investi toute votre énergie.
8. Le public est scandalisé que le directeur de Radio France ait annulé cette émission.
9. Nous ne sommes pas convaincus que tu aies résolu le problème.
10. Félicie regrette que son psychanalyste ait quitté Paris.

3   Moody blues: Verbs with minds of their own

3·1   1. Elle nie absolument qu'elle a vu le suspect.
2. Le roi a décrété que tous ses sujets assisteront au bal demain soir.
3. J'admets que vous avez raison.
4. Ils en concluent que vous démissionnerez avant la fin de la semaine.
5. Nous jugeons qu'il est apte à témoigner devant le tribunal de grande instance.
6. Tu conçois que tes parents aient de grands espoirs pour toi et ils sont déçus.
7. Je suppose qu'il était présent hier à la réunion.
8. Vous comprenez que leur présence est indispensable.
9. Nous espérons qu'il fera beau pour le pique-nique dans le Bois de Vincennes.
10. Le ministre des Affaires étrangères a décidé que lui et son secrétaire d'État partiront vendredi pour la Côte d'Ivoire.

3·2   1. Théo ne conteste pas que son meilleur copain puisse réussir au concours de musique.
2. Ambroise n'admet pas que son camarade de chambre ne fasse jamais le ménage.
3. Admettriez-vous qu'Adélaïde joigne cette organisation?
4. Approuveriez-vous que Béatrice obtienne une promotion?
5. Augustin s'oppose à ce que tu ailles à cette manifestation.
6. Louis ne conteste pas que vous ayez les compétences requises.
7. Yolène espère que Thibaut fasse le voyage avec elle.
8. Ils espéraient que Béranger vienne à leur secours.
9. Noah comprend que vous envisagiez un autre avenir.
10. Comment expliques-tu qu'Élise vive seule avec six chiens?

3·3   1. Ophélie espère qu'il arrive à temps.
2. Diane est résolue à ce que vous quittiez la société.
3. J'attendrai que vous nous invitiez dans votre maison de campagne.
4. Je ne veux pas qu'il prenne (ne suis pas disposé[e] à ce qu'il prenne) d'importantes décisions.
5. Nous n'approuvons pas que vous vous comportiez ainsi devant les clients.
6. Comment expliquez-vous qu'ils vivent dans une grotte?

7. Cassandre nie que sa sœur ait volé le collier.
8. Ses grands-parents espèrent que Louis réussisse.
9. Nous nous opposons à ce que vous ayez de telles responsabilités.
10. Faustine ne conteste pas que vous soyez intelligent(e).

4 Let's get impersonal! The subjunctive after certain impersonal expressions

4·1
1. Il est vrai que ces logements sont en très bon état.
2. Il est souhaitable qu'ils intensifient leurs efforts.
3. Il vaut mieux que nous renoncions à notre part d'héritage.
4. Il est étonnant que tu puisses rester debout toute la nuit.
5. Il est scandaleux que les responsables ne soient pas pénalisés.
6. Il me semble qu'il a une nouvelle stratégie électorale.
7. Il est probable qu'il pleuvra demain.
8. Il est juste que vous partagiez les revenus.
9. Il est de règle que vous fassiez vous-même la demande.
10. Il paraît qu'il déménagera le mois prochain.
11. Il est grand temps que vous preniez des vacances.
12. Il est rare qu'il fasse des cadeaux.
13. Il est essentiel que vous exploitiez ces nouveaux concepts.
14. Il est sûr qu'ils surveillent les travaux.
15. Il est regrettable que les sages-femmes n'aient pas plus de pouvoir.
16. Il faut que vous vous réconciliiez au plus vite.
17. Il est certain que la loi sera votée à l'unanimité dimanche prochain.
18. Il est inconcevable que ces jeunes ne lisent pas la presse.
19. Il arrive qu'il y ait une panne d'électricité.
20. Il importe que tu poursuives cette piste.

4·2
1. Il faut que vous achetiez un nouvel ordinateur!
2. Il est important que vous apportiez au moins un cadeau.
3. Il est grand temps que vous acceptiez notre offre.
4. Il est surprenant que vous demandiez tant d'argent.
5. Il est dommage qu'il fasse si froid.
6. Il est regrettable qu'il ne sache pas la vérité.
7. Il est essentiel que vous le contactiez.
8. Il est préférable que nous partions à midi.
9. Il est important que tout soit prêt avant lundi.
10. Il est triste qu'il quitte notre cabinet d'avocats.
11. Il est inacceptable que vous vous comportiez ainsi.
12. Il est logique que vous nous racontiez toute l'histoire.
13. Il est évident qu'il a raison.
14. Il est naturel que vous ayez des doutes.
15. Il est normal qu'il soit fatigué après une si longue journée.
16. Il est rare qu'il fasse ses devoirs sans l'aide de sa sœur.

17. Il n'est pas inhabituel que nous travaillions le week-end.
18. Il est regrettable que vous n'acceptiez pas les animaux de compagnie dans votre immeuble.
19. Il se peut qu'il y en ait dans l'immeuble.
20. Il est probable qu'il viendra le week-end prochain.

4·3
1. Il est regrettable qu'il y ait eu un malentendu entre eux.
2. Il est surprenant que ce metteur en scène ait choisi cet acteur pour ce rôle.
3. Il est dommage que le taux de chômage ait augmenté le mois dernier.
4. Il est juste qu'ils aient remboursé leurs dettes.
5. Il n'y a guère de chances que l'agent immobilier ait vendu beaucoup d'appartements.
6. Il se peut que le syndicat ait accepté les conditions pendant la nuit.
7. Il est normal qu'il y ait eu des kilomètres de bouchon en raison de la neige.
8. Il est inadmissible que le fabricant n'ait pas retiré ces produits du marché plus tôt.
9. Il est drôle qu'il ne se soit pas manifesté pendant les négociations.
10. Il est curieux que l'agent de sécurité l'ait laissé entrer.

4·4
1. Il est étrange qu'elle ne t'ait pas appelé(e).
2. Il est regrettable que tu aies planté ton jardin la semaine dernière.
3. Il est normal qu'ils/elles aient perdu patience.
4. Il est dommage qu'il ait plu toute la journée.
5. Il est possible qu'il ait quitté Paris hier.
6. Il est difficile de croire qu'il a gagné la compétition.
7. Il n'y a guère de risques que ses parents aient vendu la maison de campagne.
8. Il est inacceptable qu'il soit parti sans dire au revoir.
9. Il est logique qu'ils/elles aient choisi une école à Paris.
10. Il est douteux (il n'est guère probable) que son avocat ait fait quelque chose d'illégal.

5 The long and winding road: Conjunctions and infinitives

5·1
1. Ils joueront au tennis à moins qu'il pleuve.
2. Tout sera prêt avant que vous arriviez.
3. Elle a fait le nécessaire pour que vous receviez le colis à temps.
4. Écrivez-nous plus souvent pour que nous ayons de vos nouvelles.
5. Quoiqu'il fasse froid, ils se baladent dans la ville.
6. Le chat sort toujours sans que je le voie.
7. Je me permets de vous appeler de peur que vous oubliiez la date limite, le 8 mars.
8. Ne changez rien à votre routine jusqu'à ce que nous vous contactions.
9. Marie assistera à la réception bien qu'elle n'en ait pas envie.
10. Nous resterons ouverts plus tard pour que nos clients soient satisfaits.

5·2
1. Cécile ira en Grèce parce qu'elle s'intéresse à l'Antiquité.
2. Quoiqu'Ulysse ait beaucoup d'argent, il est avare.
3. Nous partagerons l'héritage à moins que quelqu'un ne soit pas d'accord.
4. Si vous avez un moment, passez nous voir dimanche.
5. Julie a saisi le dossier avant que son collègue puisse réagir.

6. Vous êtes impressionnant lorsque que vous faites un discours.
7. Bien que les ouvriers soient au chômage depuis des mois, ils se débrouillent.
8. Chaque fois que vous ouvrez la bouche, c'est pour dire des bêtises.
9. Ne faites pas cela sans qu'il le sache!
10. Puisqu'elle part, je pars aussi!

5·3
1. Il va acheter la maison avant que nous ayons la chance de la voir.
2. Autant que je sache, Fabrice Luchini jouera un rôle dans cette pièce.
3. Expliquez mieux vos idées de manière à ce que tout le monde comprenne!
4. En attendant que vous passiez l'examen, apprenez ces verbes par cœur!
5. Je vous appellerai avant qu'elle parte.
6. Faites en sorte qu'il n'ait pas d'ennuis.
7. Pourvu qu'il ne pleuve pas pendant le match!
8. Autant que je puisse en juger, il est coupable.
9. Donne-lui cette invitation avant qu'elle aille au travail!
10. Pourvu qu'elle réussisse à l'examen!

5·4
1. Bien que la reine soit fatiguée, elle ira au bal.
2. Maxime veut finir le roman avant que l'écrivain (ne) vienne dans sa classe.
3. Bien que l'interprète connaisse le sujet général, elle est crispée.
4. Ne les invite pas sans que Florin le sache.
5. Maylis essaie de finir l'itinéraire pour que vous puissiez partir demain.
6. Où que vous soyez, je vous trouverai.
7. Tout sera prêt avant que vous (n')arriviez à Paris.
8. Pourvu qu'ils/elles connaissent les directions!
9. Autant que je le sache, ils sont très heureux ensemble.
10. Matias sera très gentil à condition que vous respectiez ses idées.

5·5
1. d 2. e 3. a 4. c 5. b

6 Tell me why: The subjunctive with superlatives and relative clauses

6·1
1. C'est la plus grande ville que je connaisse en Europe.
2. C'est la seule chanson en français qu'il sache.
3. C'est la pire chose qui puisse lui arriver.
4. C'est l'unique photo qu'ils aient de leurs parents.
5. C'est le meilleur dictionnaire bilingue qui soit disponible.
6. C'est le seul roman qui lui fasse oublier ses ennuis au quotidien.
7. C'est le gratte-ciel le plus haut qu'on soit en train de construire.
8. C'est l'unique vision que cet architecte ait depuis sa jeunesse.
9. C'est la seule chose qu'ils veuillent nous révéler.
10. Il est avare. C'est le moins que l'on puisse dire!

6·2
1. C'est triste mais c'est le seul choix qu'on leur ait donné.
2. C'est le bébé le plus mignon que nous ayons vu à la maternité.
3. C'est le pire concert que nous ayons entendu dans ce théâtre.

4. C'est la plus mauvaise soupe que le chef ait jamais préparée.
5. C'est le seul bâtiment de ce quartier qui ait été épargné par les promoteurs.
6. C'est la seule tribu que tu aies rencontrée en Amazonie.
7. C'est le livre le moins intéressant que cette biographe ait écrit.
8. C'est le premier emprunt qu'il ait fait à la banque.
9. C'est la personne la plus désagréable que j'aie jamais rencontrée.
10. C'est le seul héritage qu'il ait laissé à ses enfants.

6·3
1. C'est le seul document que j'aie pour prouver mon âge.
2. C'est le premier roman que je lise en français.
3. C'est la meilleure boulangerie que je connaisse à Nantes.
4. C'est le premier ordinateur que j'aie jamais acheté.
5. C'est le moins que l'on puisse dire!
6. C'est le seul médecin que je puisse vous recommander.
7. C'est le pire repas qu'elle nous ait jamais servi.
8. C'est la seule étudiante que je connaisse dans ma classe.
9. C'est le meilleur dictionnaire que j'aie jamais acheté pour mes enfants.
10. C'est la personne la plus gentille que nous ayons jamais rencontrée.

6·4
1. d   2. a   3. b   4. e   5. c

6·5
1. Je cherche une maison qui ait un jardin.
2. Paul est la seule personne à laquelle je puisse faire confiance.
3. L'entreprise cherche quelqu'un qui sache gérer ce genre d'affaire.
4. Il n'a personne dans son immeuble qui puisse l'aider.
5. Le minimum qu'on puisse faire, c'est de lui téléphoner.
6. Achetez un ordinateur d'occasion dont vous soyez sûr!
7. Connaissez-vous une méthode qui soit plus efficace?
8. Ils rêvent d'un appartement qui ait un balcon.
9. Aurélie est la seule personne qui vive dans ce château du Moyen Âge.
10. C'est le seul endroit où il se sente à l'aise.

6-6
Votre Smart personnalisée vous va comme un gant. Je viens d'acheter une Smart bleue. Je cherchais depuis longtemps la citadine idéale qui me permette de circuler dans Paris facilement et que je puisse garer n'importe où. Je l'ai trouvée! La Smart est la voiture la plus petite, la moins lourde qui soit. La société Smart construit les voitures les plus écolos qui existent sur le marché car elles consomment peu d'essence. J'adore leur design et leur confort intérieur. Je rêve d'un Paris où seules les Smart seraient autorisées à circuler! Vive la Smart!

7 Whatever happens: Autonomous clauses, set expressions, and avoiding the subjunctive

7·1
1. Vive le roi!
2. Qu'elle vienne!
3. Qu'elle se taise!
4. Que je parle au ministre? Certainement pas!

5. Qu'elle essaie seulement!
6. Que la paix soit avec toi!
7. Qu'ils/elles se dépêchent!
8. Qu'elle parle!
9. Qu'ils lui fichent la paix!
10. Qu'elle se marie avec Lucas!

7·2
1. Quels que soient vos conseils, je ferai ce qui me plaît.
2. Où que tu ailles, tu dois respecter les mœurs d'autrui.
3. Quoi que tu écrives, utilise le correcteur orthographique.
4. Quelles que soient les réparations, nous devrons les faire.
5. Qui que vous soyez, n'abandonnez pas le navire.
6. Quoi que vous sachiez, cela peut nous être utile.
7. Quel que soit le résultat, ils se plaindront.
8. Quel que soit le temps, la régate aura lieu.
9. Quoi qu'elle dise, ses collègues ne sont jamais d'accord.
10. Qui que tu sois, tu n'es pas exempté de ces obligations.

7·3
1. Quoi que vous fassiez, je vous soutiendrai jusqu'au bout.
2. Où que vous alliez, nous vous suivrons jusqu'au bout du monde.
3. Qui que vous soyez, je n'aime pas votre attitude hautaine.
4. Quoi que vous décidiez, tenez-nous au courant.
5. Quoi que vous pensiez, nous n'éprouvons aucune rancune contre vous.
6. Où que vous viviez, j'espère que vous êtes heureux.
7. Qui que vous soyez, soyez la bienvenue.
8. Quoi qu'elle dise, personne ne la contredit jamais.
9. Qui que vous rencontriez pendant votre voyage, profitez du moment.
10. Quoi que votre sœur veuille, elle l'obtiendra sans l'ombre d'un doute.

7·4
1. Ce n'est pas qu'il soit méchant, mais il n'est guère brillant.
2. Le fait que le Crédit Agricole ait un nouveau PDG devrait avoir un effet favorable.
3. Ce n'est pas qu'Alix soit avare, mais il n'est pas très généreux.
4. Non que j'y sois radicalement opposée, mais je ne suis pas totalement convaincue.
5. Le fait que vous ne puissiez pas assister à la réunion va poser problème.
6. Ce n'est pas que je sois fatigué(e), mais je préfère ne pas y assister.
7. Le fait qu'il vous fasse cette demande indique qu'il est dans une situation précaire.
8. Ce n'est pas que nous ayons faim, mais vos mousses au chocolat sont alléchantes.
9. Le fait que vous vous affichiez en public avec ce groupe est plutôt troublant.
10. Non que le comité remette en question vos qualifications, mais vous n'avez pas toutes les qualités requises.

7·5
1. Il a beau être courageux, il a peur de faire face à cette situation.
2. Elle a beau être célèbre, son style de vie est très simple.
3. Nous avons beau faire des réunions régulièrement, elle n'y assiste jamais.
4. Elle a beau être en vacances, elle répond aux emails de ses clients.
5. Ils ont beau s'entraîner avec acharnement, ils perdent tous les matchs.
6. Elle a beau fouiller partout dans la maison, elle n'a pas retrouvé ses clés.

7. J'ai beau dire la vérité, personne ne me croit.
8. Il a beau vouloir aller à Oslo, il n'a pas encore reçu d'invitation.
9. Vous avez beau avoir les qualifications requises, nous ne pouvons pas vous engager.
10. Elle a beau chercher dans ses papiers, elle n'a pas retrouvé l'extrait de naissance de sa grand-mère.

7·6
1. Le roi a beau être fatigué, il danse avec Mme de Montespan.
2. Il a eu beau soumettre le projet plusieurs fois, il n'a jamais eu de chance.
3. Ils ont beau aller en vacances, tu restes ici avec moi.
4. Il a beau avoir faim, il ne mange pas avant leur arrivée.
5. J'ai beau avoir cherché les documents, je ne les ai pas trouvés.
6. Il a beau être célèbre, il est très gentil avec son personnel.
7. Elle a beau avoir étudié des heures, elle a échoué à l'examen.
8. Mathieu a beau être innocent, personne ne le croit.
9. Hélène a beau lire cinq livres par semaine, elle ne connaît pas cet écrivain.
10. Cette maison a beau être splendide, elle est trop chère.

7·7
1. L'entrepreneur a changé un article du contrat à mon insu.
2. Il apprend le français à son insu.
3. Les professeurs ont été filmés pendant leurs cours à leur insu.
4. Ne quittez pas les lieux à son insu.
5. Elle a acheté un collier d'ambre à son insu.
6. Ce médecin a fait des expériences scientifiques à leur insu.
7. Une enquête a été menée à leur insu.
8. L'avocat a rajouté une clause à leur insu.
9. Le cycliste s'est dopé à son insu.
10. Elle a voté pour les Verts à mon insu.

8 All things must pass: The **subjonctif imparfait** and the **subjonctif plus-que-parfait**

8·1
1. Aurélie attendit qu'il partît.
2. Loïc voulait que son frère cadet joignît le parti.
3. Jade aurait préféré qu'il ne fît pas le voyage en train.
4. Lola aurait voulu qu'il peignît le paysage normand.
5. Yasmine craignait qu'il dût annuler le rendez-vous.
6. Émerik aurait aimé que son patron comprît ses intentions.
7. Arthur parlait sans que son neveu prît la peine de l'écouter.
8. Non que Julien ne fût pas un bon parti, Laure ne l'aimait pas.
9. Il n'y aurait que cette décision qu'il valût la peine de prendre.
10. Il aurait fallu que Pierre-Louis vécût plus longtemps pour résoudre l'énigme.

8·2
1. Il aurait tant voulu qu'on le comprenne.
2. Elle attendait que l'audience se termine.
3. Bien qu'il soit d'humeur changeante, tout le monde l'aimait.
4. Il était plus que nécessaire qu'il fasse des changements.
5. Elle fit tout pour que sa fille obtienne son diplôme.

6. Mélanie aurait tant souhaité que sa belle-mère soit moins distante.
7. Il aurait voulu que sa sœur jumelle peigne son portrait.
8. Il fallait qu'il soit présentable pour rencontrer son nouvel associé.
9. Le public attentait que le ténor chante Rigoletto.
10. Les citoyens auraient voulu que leur délégué convainque le comité.

8-3   **Passé simple:** pensai; voulus; rejetai; me résolus; pris; jugeai
         Subjonctif imparfait: fisse; rejetasse; fût; fût; fusse

8·4
1. Les chercheurs regrettaient que les subventions ne leur aient pas été accordées.
2. Il partit sans que nous ayons pu lui dire au revoir.
3. Les citoyens auraient voulu que le dictateur n'ait pas été soutenu par l'armée.
4. Erwan était content que son meilleur ami ait reçu la Légion d'honneur.
5. Elle démissionna sans que ses patrons aient pu la convaincre de rester.
6. Il était inadmissible que le traité ait été signé dans la nuit à l'insu de tous.
7. Le conservateur du Louvre décrocha un tableau sans que personne ne s'en soit aperçu.
8. Nous aurions préféré que ces archives historiques aient été mises à la disposition du public.
9. L'évêque de Tours aurait préféré que le Vatican n'ait pas fait ces réformes.
10. Le patron de *Libération* aurait voulu que le Conseil d'administration ait été plus raisonnable.

8-5   **Passé simple:** fit; dut; veilla; obtint
         Subjonctif imparfait: fussent; tirât; possédât; fût demeurée
         Subjonctif plus-que-parfait: eût ignoré; eût négligés

9   We can work it out: Comprehensive exercises

9·1
1. Guillaume préfère que tout le monde soit là avant d'annoncer la nouvelle.
2. Appoline souhaite que sa pièce ait beaucoup de succès.
3. Céleste craint que Marcel ne puisse pas animer le cercle littéraire aujourd'hui.
4. Adèle est contente que son père aille avec elle en Bretagne.
5. Je doute que vos menaces puissent intimider nos journalistes.
6. Geoffroy doute que ces logiciels soient compatibles.
7. Je doute que vous puissiez conserver votre anonymat.
8. Tristan exige que vous restiez jusqu'à vendredi.
9. Marc-Antoine souhaite que vous suiviez ce cours d'écriture créative en ligne.
10. Nedjma désire que vous restauriez les tableaux de sa mère.
11. Le préfet a interdit que vous organisiez une manifestation dans le vingtième.
12. Ludovic est déçu que son copain aille dans une autre université que la sienne.
13. Je suis ravie que vous passiez du temps à lire chaque jour dans les Arènes de Lutèce.
14. Je voudrais bien que tu sortes les poubelles ce soir.
15. Certains aimeraient qu'Albert Camus soit au Panthéon.
16. Que veux-tu que je fasse?
17. Nous regrettons qu'il y ait tant de problèmes dans ce secteur.
18. Elle ne pense pas qu'il sache ce qui s'est passé.
19. Je ne crois pas que la réforme de l'immigration fasse l'unanimité.
20. Ils ne sont pas convaincus qu'Émilien dise vraiment ce qui lui est arrivé.

9·2

1. Béranger est désolé que cette œuvre ne soit pas signée.
2. La reine a décrété que tout son entourage assistera au bal masqué ce soir.
3. Nous sommes tristes que vous quittiez Mâcon. Bonne chance!
4. Monsieur le Président, nous aimerions que vous n'augmentiez pas nos impôts!
5. Marine voudrait qu sa mère et elle fassent une croisière dans la Caraïbe.
6. Admettriez-vous qu'ils y aillent sans vous?
7. Thomas dit que votre site Web est très bien conçu.
8. Irène est furieuse que vous refusiez de lire son manuscrit.
9. J'admets que tu as raison.
10. Marie est contente que la piscine soit ouverte tard ce soir.
11. Oscar est bien décidé à ce que son ex-associé ne revienne plus jamais ici.
12. Je ne peux pas admettre que vous mentiez avec une telle impunité.
13. On espère qu'il va bien.
14. Je comprends très bien que son témoignage est indispensable.
15. Savez-vous que le gouvernement a l'intention de rénover l'île Seguin?
16. Élise s'oppose à ce que vous achetiez ce terrain dans le Luberon.
17. Notre comité n'approuve pas que vous bénéficiiez de tant d'avantages.
18. Je n'admets pas que tu te conduises ainsi en public.
19. Contestent-ils qu'ils aient cambriolé la maison du notaire?
20. Je ne dis pas qu'ils ont tort.

9·3

1. Il est urgent que le syndicat prenne des mesures drastiques.
2. Il est dommage que vous ne puissiez pas vous connecter à Internet à la campagne.
3. Il est évident que cette tablette numérique est la meilleure.
4. Il me semble qu'ils vont mieux.
5. Il vaudrait mieux que tu aies une imprimante laser plus performante.
6. Il est bizarre que je ne puisse pas graver ce CD.
7. Il est incontestable que c'est l'un des meilleurs ouvriers.
8. Il est rare que les banquiers vous fassent des faveurs.
9. Il arrive que sa messagerie soit pleine.
10. Il est certain qu'ils ont des points communs.
11. Il est regrettable que leurs enfants soient si peu reconnaissants.
12. Il y a peu de chances que ces enfants soient jamais scolarisés.
13. Il est indispensable que vous fassiez quelque chose pour enrayer la corruption.
14. Il est logique que son homologue brésilien soit présent à la réunion de l'UNESCO.
15. Il est incroyable qu'ils parviennent à fidéliser leur clientèle ainsi.
16. Il est naturel que tu aies des doutes à son sujet.
17. Il est grand temps que vous dénonciez ce régime oppressif.
18. Il faut que vous nettoyiez la maison avant leur arrivée.
19. Il est essentiel qu'ils fassent table rase et qu'ils recommencent à zéro.
20. Il est peu probable qu'il réussisse à mettre en place ce dispositif.

9·4

1. Quoique vous aimiez bricoler, vous n'êtes pas très doué.
2. Le prince s'est enfui de crainte qu'on le mette en prison.
3. Bien que Florian soit au chômage depuis un mois, il ne déprime pas trop.
4. N'envoyez pas ces documents avant que je les voie!
5. Autant que je sache, le coût de la vie ne cesse de grimper.
6. Bien qu'ils soient au bord de la faillite, ils dépensent sans compter.

7. Pourvu que vous parveniez à un accord!
8. Il a légué sa fortune à une fondation sans que sa famille le sache.
9. L'affaire n'est pas assez importante pour que vous en parliez pendant le colloque.
10. Quoique ce restaurant soit branché, la cuisine est infecte!
11. Elle téléchargera tous les fichiers pertinents avant que vous arriviez à Paris.
12. Vérifiez le stock avant que nous commandions plus de marchandise!
13. Parlez dans le micro de sorte que tout le monde vous entende!
14. J'ai un blog pour que vous, les écrivains, affichiez vos commentaires.
15. Nous avons annulé le rendez-vous de peur qu'il y ait une tempête de neige.
16. Je lui prêterai mon vélo à condition qu'il me rende un service.
17. Anne lui prêtera de l'argent pour qu'elle puisse acheter une caméra numérique.
18. Nous passerons chez Raoul pour que tu puisses lui dire bonjour.
19. Il a installé un système d'alarme pour que sa maison soit mieux protégée.
20. Autant que je le sache, son projet est voué à l'échec.

9·5
1. Quoi que la presse dise, ils restent sceptiques.
2. Quelle que soit la marque, achetez un flacon de parfum pour Juliette.
3. D'où que vous veniez, vous ne serez jamais un étranger chez eux.
4. Qui que vous soyez, aidez-nous!
5. Quelle que soit votre décision, nous vous soutiendrons.
6. Quoi qu'ils fassent, ce n'est jamais assez.
7. Quelles que soient vos revendications, envoyez-les-nous par écrit.
8. Quoi qu'il pense, ne te fais pas de soucis.
9. Quelle que soit la difficulté, nous trouverons une solution.
10. Quoi qu'on en dise, ce vin n'est pas mauvais du tout.
11. Quoi que vous lisiez, prêtez-moi vos livres une fois que vous aurez terminé.
12. Quel que soit votre point de vue, je ne changerai pas d'avis.
13. Quel que soit votre vrai nom, j'aime bien votre nom de plume.
14. Quel que soit le temps, nous passerons nos vacances en Irlande.
15. Quoi qu'il mange, il ne prend jamais un gramme.
16. Quelles que soient les causes de la panne, nous résoudrons le problème.
17. Quelque ludoéducative soit cette activité, elle n'est pas à la portée de nos élèves.
18. Où que tu ailles, Jérôme te suivra.
19. Quelles que soient vos différences d'opinion, vous devez travailler ensemble.
20. Quelle que soit votre implication dans l'affaire, vous devez nous dire ce que vous savez.

9·6
1. C'est le seul endroit où elle écrive jour et nuit.
2. C'est la moindre des choses qu'on puisse faire.
3. Notre société cherche un graphiste qui soit spécialisé dans le multimédia.
4. C'est le plus grand musée que je connaisse.
5. Je cherche un appartement à La Baule qui ait une vue sur la mer.
6. C'est la seule chanson qu'il sache par cœur.
7. Y a-t-il quelqu'un ici qui puisse me renseigner?
8. Tu es la seule personne à qui je fasse entièrement confiance.
9. Nous cherchons une antenne parabolique qui soit fiable.
10. Il n'y a personne qui ait une meilleure idée?

9·7
1. Elle ne croit pas que tu aies lu tout son livre.
2. Son père est content qu'il ait réussi à toutes les épreuves de l'examen.
3. Nous avons peur que quelque chose leur soit arrivé.
4. Les avocats redoutent qu'un employé ait jeté tous les dossiers à la poubelle.
5. Elle est triste que toute cette histoire se soit mal terminée.
6. On a peur qu'ils n'aient pas survécu à la catastrophe.
7. On soupçonne que les témoins aient été manipulés.
8. Tu es déçu qu'elle ait perdu la compétition de natation?
9. Vous doutez que le porte-parole de l'Élysée ait rapporté les chiffres exacts?
10. On craint que cet écrivain français ait plagié un célèbre écrivain américain.

9·8
1. Il est étonnant que les Nations Unies ne soient pas intervenues.
2. Il est triste que ces langues aient disparu.
3. Il est regrettable qu'une telle rumeur se soit propagée.
4. Il est curieux que cette exposition n'ait pas connu plus de succès.
5. Il est incroyable qu'il ait été si misogyne tout au long de sa vie.
6. Il est scandaleux que l'État ait vendu cet hôtel particulier en plein Paris.
7. Il est normal que Caroline ait été indemnisée par son assureur.
8. Il est drôle que ces oiseaux se soient installés dans cette région depuis quelques mois.
9. Il se peut que son ego surdimensionné ait déclenché la dispute.
10. Il est logique que cet ouvrier ait défendu ses droits.

9·9
1. Elle aurait préféré qu'il restât chez lui.
2. Ils voulaient que leur nièce s'installât près de chez eux.
3. Bien qu'il allât à la messe chaque dimanche, le prêtre doutait de sa foi.
4. Elle doute que sa fille aimât vraiment Hugo.
5. Il aurait fallu que le président posât son veto.
6. Ils attendirent que le train partît.
7. Il aurait voulu que le maire empêchât la démolition de l'immeuble.
8. Nous craignions qu'il prît froid sur le bateau.
9. Il n'y avait rien qui pût changer le verdict.
10. Elles auraient voulu qu'il fût un grand écrivain.

9·10
1. Le gouvernement veut que vous payiez plus d'impôts.
2. Bien qu'elle soit une étudiante sérieuse, elle a peur de faire des erreurs.
3. Pourvu qu'Aliette ait raison!
4. Il est étrange qu'ils aient oublié notre réunion à midi.
5. Je voudrais que vous me commandiez ce logiciel.
6. Il est content que ses enfants puissent étudier à Strasbourg.
7. Il fait la cuisine ce soir pour que vous puissiez vous reposer.
8. C'est la personne la plus intelligente que nous ayons jamais rencontrée.
9. Il est surprenant qu'ils/elles soient en retard.
10. Il est grand temps que vous changiez de stratégie.
11. Quoi qu'elle fasse, elle réussit.
12. Nous voulons qu'ils/elles sachent la vérité.
13. Rentre à la maison avant qu'il (ne) pleuve.
14. J'aimerais que vous veniez en Alsace avec nous.
15. Bien qu'il soit fatigué, il lit le journal.

16. Autant que je sache, ils/elles vont bien.
17. Je veux qu'elle signe le contrat avant mardi.
18. Qu'elle vienne!
19. C'est le plus beau pont que je connaisse.
20. Quelles que soient vos décisions, je vous soutiendrai.